Tauroética

FERNANDO SAVATER

TAUROÉTICA

TURPIAL

Ilustración de cubierta: © Mela Blanco Lara
Diseño gráfico: MacKelo®

Guzmán el Bueno, 133
28003 Madrid Tel.: 91 534 92 85 Fax: 91 534 74 72
www.turpial.es

1ª EDICIÓN octubre 2010
2ª IMPRESIÓN noviembre 2010
2ª EDICIÓN AMPLIADA diciembre 2010

ISBN: 978-84-95157-32-4
Depósito legal: B-44535-2010
Impreso por Sagrafic, S. L.

Printed in Spain

Para Alberto, Víctor, Perico y Tano:
el resto de la cuadrilla.

Índice

PRIMERA PARTE

1. Prólogo

En la Historia se habla demasiado poco de animales.

Elías Canetti, *La provincia del hombre*

EL motivo próximo de la publicación de estas páginas (y de haberlas escrito, en su mayoría) es el debate suscitado en el Parlamento de Cataluña con motivo de una iniciativa ciudadana que solicita la abolición de las corridas de toros en la comunidad autónoma[1]. No es aventurado suponer que si la propuesta es refrendada por una prohibición legal, será imitada por iniciativas similares en otras comunidades, aunque sea con menores probabilidades de éxito (en el primer caso hay intereses políticos a favor de la prohibición, en casi todos los demás los hay en contra). En cualquier caso, la antigua polémica en torno a la fiesta taurina, sus supuestos valores simbólicos y artísticos o su también supuesta brutalidad anti-moderna vuelven a estar

[1] Estando ya en imprenta este libro, el 28 de julio de 2010 el Parlamento de la Comunidad Autónoma de Cataluña tomó la decisión de abolir los festejos taurinos por 68 votos a favor, 55 en contra y nueve abstenciones. La prohibición entrará en vigor en enero de 2012.

sobre el tapete. Y hoy, a diferencia de otras épocas, tiene lugar en un contexto generalizado de sensibilidad ecológica pro-animalista que ha convertido casi en lugar común lo que antaño fueron considerados remilgos de intelectuales extravagantes, contrarios al sentir popular.

Desde una perspectiva social e incluso económica, las decisiones institucionales que se adopten al respecto —si resultan favorables a la tesis abolicionista y por locales que sean— tendrán una relevancia nada desdeñable en todo el país. Pero desde un punto de vista filosófico, que es el que aquí principalmente me interesa, es el debate mismo lo más relevante, sobre todo por sus implicaciones éticas —nuestra actitud moral hacia los animales— y también por sus repercusiones ontológicas acerca de cómo pensar la relación que mantenemos —y nos mantiene— vinculados a la naturaleza. No es que estas cuestiones de fondo hayan aparecido en el debate parlamentario, todo lo contrario: digamos que sólo han brillado por su ausencia. No sé si el lugar y el momento eran oportunos para plantearlas, pero en cualquier caso —salvo en breves ramalazos de alcance más teórico que anecdótico o tremendista— la ocasión del pensamiento ha pasado de largo. Las reflexiones que propongo a continuación tratan al menos parcialmente de rescatarla, porque el tema lo merece: con toros o sin toros. En cuanto a la retórica sublime que tanto encandila entre quienes están a favor o en contra de la fiesta («la tauromaquia es la expresión del alma española y por eso nunca podrá ser erradicada de nuestro país», «las corridas de toros son formas de sadismo colectivo, anticuado y fanático, que disfruta con el sufrimiento de seres inocentes», así como sus diversas variantes) reconozco que me aburren soberanamente. Me pasa lo mismo que al admirable Monsieur Teste de Valéry: «*La bêtise n'est pas mon fort*».

Sin duda cuando hay trasfondo político en la discusión los argumentos son escuchados de la peor manera posible. El caso más escandaloso fue una aseveración en el Parlament del profesor Jesús Mosterín, quién para recusar la tradición como el principal justificante de las corridas señaló que también la ablación del clítoris en ciertos países es una tradición y ello no hace esa práctica menos abominable. El argumento era claro y lógicamente correcto, pero sublevó a una caterva de políticos y periodistas obcecados que mostraron su indignación porque Mosterín comparase la ablación del clítoris con la tauromaquia... lo que obviamente no había hecho. Lo que se comparaba era la tradición como legitimadora de conductas, no las conductas entre sí. Demasiado sutil para los vociferantes, favorables al repudio o al pataleo pero reacios a los intentos de persuasión. Y sobre todo cuando se saca a la palestra la alusión de un ultraje a las mujeres... que nadie pretende trivializar. Resulta chocante que, estando *toda* la argumentación de los antitaurinos basada en la equivalencia implícita entre las «torturas» que sufren los toros y los padecimientos humanos, sólo fuese esa comparación concreta (y malentendida) del profesor Mosterín la que pareciese ofensiva a la mayoría. Dicho sea de paso, empieza a ser preocupante el bloqueo oscurantista que cierta inquisición pseudofeminista ejerce sobre cualquier forma de razonamiento que a su juicio falta al respeto a la sagrada causa. Siempre se ha dicho que no hay que hablar a tontas y a locas, pero cada vez va habiendo en la España actual más ocasiones de recordar esa norma.

Sin embargo Mosterín hubiera podido citar un ejemplo no menos conveniente a sus tesis pero mejor adecuado al caso, porque incluye también el valor artístico (y sólo afecta además a varones, con lo que no provoca al *irritabile genus*) de la tradición: me refiero a los *castrati*, que durante siglos perdieron tradicionalmente su virilidad para deleitar a los oyentes —entre los que predominaban altos eclesiásticos y monarcas— con lo refinado de sus trinos. Por muy elevados que fuesen los goces estéticos causados por la voz de estas mutiladas criaturas, hoy consideramos justificado por razones de decencia humanitaria —estrictamente *éticas*— haber abolido la cruel manera de perpetuar sus agudos. Claro que en este caso, como en el no menos dramático de la ablación del clítoris (en el que no se persigue un placer estético sino que sólo se proscribe el placer femenino) las víctimas son seres humanos, no animales. Pero ¿no se podrá aplicar igual criterio al caso de la fiesta taurina, en la que también una tradición estética se basa en el dolor de seres vivos?

Que las corridas de toros son una tradición es cosa indudable, aunque como hace notar el profesor Mosterín la raigambre tradicional no legitima sin más ni fiestas, ni comportamientos sociales ni nada de nada: perdón, pero somos modernos. Y ser moderno es tener prejuicios favorables hacia lo nuevo, no hacia lo ancestral. Ítem más: que la tauromaquia encierra valores artísticos también es algo imposible de negar, sobre todo en nuestra época, tan generosa en la atribución del marchamo de «arte» a los más insospechados productos y actividades. ¡Sólo faltaba que pudiésemos llamar «obra de arte» al urinario de Duchamp o a cualquier guiso deconstruido de Ferrán Adriá y nos prohibieran en nombre del buen gusto dar el mismo calificativo encomiástico a una faena de Curro Romero! Pero sin embargo tampoco la exquisitez estética sirve como universal certificado de buena conducta: recordemos otra vez el caso de los *castrati*...

Por su parte, los voluntariosos antitaurinos han acuñado el lema «la tortura no es cultura», aunque en eso también se equivocan porque la tortura sí que es cultura, qué va a ser si no, lo mismo que los misiles tierra-aire o el espionaje industrial. Pero podrían haber sostenido que la tauromaquia —torturadora para ellos— es inevitablemente cultura, y sin embargo les parece rechazable... como tantas otras producciones culturales a las que a veces nos resignamos o en otros casos intentamos erradicar. Por ejemplo de estas últimas, la tortura de seres humanos, por muy cultural que sea en cualquiera de sus formas.

De modo que si algunos exigen la abolición institucional de la fiesta taurina, la fuerza de su propuesta no está en el desprecio o la repugnancia personal que sienten por ella (la sensibilidad de cada cual no puede convertirse en norma obligatoria para los demás, por exquisita o «ilustrada» que pretenda ser) ni tampoco en el hecho de que pongan en entredicho sus valores tradicionales, estéticos o culturales (por no mencionar los económicos o laborales) sino en que la declaran irreversiblemente *inmoral.* Y de una inmoralidad cívica, no meramente personal, por lo que no puede ser aceptada en la sociedad decente en que queremos vivir. Aquí está el busilis del problema: ¿las corridas de toros deben ser consideradas cívicamente inmorales o no? Si lo son, en el sentido de que resultan incompatibles con derechos fundamentales sobre los que se basa nuestra Constitución o con principios éticos inapelables sobre los que quisiéramos que se fundase la civilización, deben ser prohibidas por mucha tradición y mucho arte que las avalen y aunque sean el *modus vivendi* de numerosas personas. Como señaló la pasada Semana Santa un antitaurino, también la crucifixión de Cristo ha dado lugar a admirables obras artísticas y venerables tradiciones piadosas, pero no por ello autorizamos que se siga hoy en día crucificando a la gente. Claro que Cristo no es un toro (ni tampoco un tigre, como quería William Blake) sino el Cordero Divino, o sea es un tipo de animal muy especial y diferente... al resto de los animales. Volvemos a lo de siempre: la única forma para que las comparaciones derogatorias de que se sirven los antitaurinos tengan validez es homologar a los toros con los humanos o con seres divinos, es decir modificar la consideración habitual de la *animalidad.*

A debatir este asunto de ética aplicada, pero también fundamental, se dedica la mayor parte de la presente obrita. La pregunta a la que se tratará de dar respuesta tentativa es ésta: ¿Son los animales tan humanos como los humanos animales? ¿Cuál es la actitud ética adecuada frente a las bestias? ¿Debemos reconocer derechos a los animales y considerar la defensa de sus intereses o de su bienestar como parte de nuestras obligaciones morales? ¿Tenemos un contrato con ellos —como con nuestros congéneres— o sólo formas de trato que debemos regular de modo específico, es decir propio de su especie pero distinto de la nuestra? Ni que decir tiene que estas cuestiones son relevantes tanto si somos aficionados a la tauromaquia como si no. Y que se refieren no a una forma de entretenimiento festivo propia de ciertos lugares (España, numerosos países de Hispanoamérica, la Camarga francesa, etc.) sino a la manera adecuada de convivir con los demás seres vivos del planeta. Un tema polémico que no puede renunciar a ciertas consideraciones históricas, pese a lo poco aficionada a ellas que es nuestra época.

Las páginas que siguen pueden ser leídas en dos direcciones: empezando por el final, para comenzar por la cuestión específica de la tauromaquia y de ella pasar a la consideración global del trato con los animales o al revés, desde la reflexión más genérica a la más concreta que la ha motivado. En ambos casos lo importante es la indagación sobre el fondo del asunto, no sus emotivas circunstancias folklóricas. Los textos de la segunda parte son más circunstanciales que el que constituye la primera y en cierto modo condensan más periodísticamente mi opinión sobre el tema. Es curioso hacer notar que cuando pronuncié en 2004 el pregón de la Feria de Abril de Sevilla que abre esa sección, fuerzas municipales se esforzaban por declarar a Barcelona «ciudad antitaurina»... un par de años antes de que José Tomás triunfase en la plaza de la ciudad con llenos hasta la bandera. Ahora es el Parlamento de Cataluña el que vuelve a plantear el tema. Y aquí me tienen, dispuesto a polemizar con ellos una vez más... y las que hagan falta. Desde luego, no espero «convertir» a nadie a mi modo de pensar[2], pero sí quisiera fomentar la convicción de que el pensamiento nunca sobra cuando se pretenden establecer principios y dictar normas de vida, incluso cuando por razones de emotividad o cabezonería los temas parecen destinados a ser resueltos a golpe de arrebato y corazonada.

Abril de 2010

[2] Dijo George Orwell que «hay personas, como los vegetarianos o los comunistas, con las que es imposible discutir». La lista de afectados por este bloqueo —y por la carencia de sentido del humor concomitante— no deja de crecer. Me temo que hay que apuntar también en ella a los partidarios de los llamados «derechos» de los animales.

2. Nuestra actitud moral ante los animales

Hermano Francisco, no te acerques mucho...

Rubén Darío, «Los motivos del lobo»

La narradora americana Zenna Henderson fue quizá la primera mujer en ganarse un puesto destacado dentro de la ciencia ficción, un género literario en sus comienzos de tono y hegemonía netamente masculina: sus relatos en torno al Pueblo, unos extraterrestres más exilados que invasores y que hacen por entender a (así como precaverse de) los humanos un esfuerzo semejante al del persa de Montesquieu por comprender a los parisinos, me parecen comparables sin desventaja a las *Crónicas marcianas* de Ray Bradbury. Mi preferido de esta saga se titula *Todas sus criaturas* (refiriéndose a un fragmento del Salmo 136: «Él alimenta a todas sus criaturas, porque para siempre es su misericordia»): cuenta la llegada de una nave de otro planeta a un villorrio de Nuevo México, presenciada solamente por un cura; sus ocupantes son una hembra alienígena y sus crías, famélicos por las privaciones de la larga travesía, a quienes el sacerdote intenta alimentar con todos los comestibles vegetales o animales a su alcance (incluido un toro bravo, al que la mamá extraterrestre apuntilla con un indudable despliegue de poderío). Nada funciona, los recién llegados vomitan cuanta comida se les ofrece, hasta que el mordisco casual de uno de los cachorritos al cura demuestra que lo único que puede alimentarles es la carne y la sangre humanas. Pero para entonces ya se ha fraguado el reconocimiento entre ambas especies espiritualmente desarrolladas y la visitante del espacio exterior prefiere reemprender viaje, con su hambre a cuestas, antes que practicar sobre sus huéspedes cualquier forma de obligado canibalismo...

El cuento es kantiano y confirma que el imperativo categórico de no utilizar como medios sino siempre respetar como fines en sí mismos a los semejantes es válido —como supuso el de Königsberg, ganándose alguna chufla de Schopenhauer— para los seres racionales de cualquier demarcación del universo. Pero choca indudablemente con el criterio de filósofos actuales como Peter Singer. Para el controvertido —dicho sea en su elogio— pensador australiano, los comprensivos extraterrestres de Henderson supongo que no serían moralmente mucho mejores que el magníficamente terrible Alien de Ridley Scott o los invasores marcianos de *La guerra de los mundos* de H. G. Wells. En efecto, nosotros consideramos al Octavo Pasajero o a los marcianos como supremamente nocivos porque persiguen inmisericordemente a los humanos y estimamos como colegas a los alienígenas de Henderson porque prefieren pasar hambre que alimentarse con nuestra carne pero... ¿qué opinarían de estos últimos el toro y demás animales terrícolas si hubiesen sido bocado nutritivo para ellos? Porque por lo visto tales visitantes lo tenían claro: los seres irracionales forman parte de la dieta aceptable, pero los racionales no. ¿Acaso no se trata de una discriminación clarísima? Desde luego, la mayoría de nosotros la hacemos todos los días y rechazamos enérgicamente la antropofagia como variedad gastronómica, mientras que comemos aves, pescados, vacunos y ganado porcino... Lo mismo que hay «racistas» y «sexistas», somos «especieistas» o sea que ponemos la salvaguardia de nuestra especie por encima de las demás. Los extraterrestres de Zenna Henderson amplían nuestro prejuicio, porque —aunque no son humanos— sienten fraternidad discriminatoria por cualquier especie que comparte su misma condición espiritual.

El profesor Peter Singer se declara contundentemente contra este prejuicio. Sin duda es el más elocuente y bien argumentado mantenedor de una posición al pairo del sentido común establecido por los siglos y resulta mucho más fácil por eso mismo de ridiculizar con sarcasmos que de refutar con razonamientos filosóficos. Pero él se basa en motivaciones fundadas en la filosofía ética y no en meros desbordamientos sentimentales o afectivos. Su posición teórica podría resumirse en los títulos de dos de sus ensayos, que constituyen planteamientos maximalistas aunque él sabe matizarlos, llegado el caso: «todos los animales son iguales» y hay que «desacralizar la vida humana». Ni que decir tiene que aquellos extraterrestres de Zenna Henderson resultarían menos bondadosamente ejemplares para él que para su autora o para la mayoría de sus interesados lectores, humanos y aún —ay— demasiado humanos…

Debo añadir que Singer es notablemente consecuente en la práctica con sus ideas: *vegano* (es decir, escrupuloso vegetariano total), se opone a la utilización de pieles naturales para fabricar objetos de uso cotidiano (carteras, zapatos, cinturones, etc.), a la experimentación científica con cobayas animales y defiende que suprimir indoloramente en la cuna a un recién nacido con irreversibles taras físicas o mentales es preferible a sacrificar a un ternero en la plenitud de sus facultades. Esta última postura (que desde luego no comparto, pero cuya coherencia desafiante alabo) ha motivado que le sea prohibida la entrada en Alemania, donde esas proclamas despiertan malos recuerdos colectivos... También es uno de los principales portavoces del Proyecto Gran Simio, que reivindica la condición de «persona» para los monos superiores (lo son porque se parecen más al hombre que los demás, nadie es perfecto ni está libre de su poquito de «especieismo») como bonobos, orangutanes, chimpancés y gorilas, ampliando a ellos las leyes contra la esclavitud y los tratos dolorosos o degradantes ahora vigentes en exclusiva para proteger a los simios humanos.

Peter Singer inspira su argumentación ética en una célebre página del filósofo utilitarista Jeremy Bentham, el cual —en su *Introduction to the Principles of Morals and Legislation*— sostiene que el color de la piel no puede ser argumento para privar a un semejante de sus derechos (en aquellos tiempos todavía era legal la esclavitud) y tampoco la facultad de razonar o comunicarse, que un perro o un caballo poseen de modo más evidente que un recién nacido. Concluye: «La cuestión a plantear no es: ¿pueden los animales *razonar*?, ni la de ¿pueden *hablar*? sino la de ¿pueden *sufrir*?». De modo que, concluye Singer, «si el hecho de poseer un mayor grado de inteligencia no autoriza a un hombre a utilizar a otro para sus propios fines, ¿cómo puede autorizar a los seres humanos a explotar a los que no son humanos?». Aquí estriba según él la equivocación teórica gravísima de Kant: convertir la racionalidad y la pertenencia a la especie racional —es decir, la racionalidad en potencia de bebés y ancianos seniles— en la demarcación única y decisiva de la *dignidad* moral, o lo que es lo mismo de la obligación ética de ser tratados como fines en sí mismos y no como meros instrumentos de propósitos ajenos.

Lo que cuenta es ser capaz de tener *intereses*, y cualquier animal que disfruta y sufre con las cosas o con lo que le pasa tiene esa disposición, tanto como un ser humano. Decir que todos los animales son iguales equivale a sostener que ningún animal tiene derecho ético —ni debería tenerlo jurídico— a imponer sus intereses sobre los de los demás. De modo que las preguntas éticas pertinentes son de este tenor: ¿tiene el cerdo interés en ser sacrificado para hacer jamones o la ternera para convertirse en filetes?, ¿tiene el toro interés en ir a la plaza en que deberá padecer engaño, puyas y estoques?, ¿tiene el canario interés en cantar dentro de su jaula, el caballo de carreras en ganar el Derby o el perro de aguas en hacer compañía a sus amos en un piso urbano? Y sobre todo: ¿tenemos los humanos derecho a imponerles estas involuntarias tareas, quieran o no?

Pero ¿podemos hablar razonablemente de «intereses» cuando nos referimos a los animales? ¿O se trata de otra forma de antropomorfismo, es decir, prestarles a lo Disney capacidades, vicios o virtudes de los humanos, como cuando denunciamos la «crueldad» del tigre o llamamos por discutible analogía «sociedad» a un hormiguero o un panal de abejas? Lo que caracteriza a los intereses en sentido estricto, es decir antropológico, es en primer lugar poder tenerlos o no. Sólo de un modo irónico, que en este caso no cuadra, podríamos decir que tenemos «interés» en respirar, en alimentarnos o en dormir de vez en cuando. Evidentemente se trata de necesidades dictadas por el instinto de supervivencia, en modo alguno opcionales. ¿O también son electivas y en casos extremos seríamos capaces de renunciar a ellas? Bueno, entonces sería el desafío de la renuncia lo que puede convertir la necesidad en mero interés, o sea en un proyecto entre otros. Sin posibilidad de renunciar no hay interés que valga. La broma de Voltaire cuando se afirmaba ante él «hay que vivir» y él replicaba «*je n'en vois pas la nécessité*» apuntaba en ese sentido.

Desde luego nadie hablará de interés cuando se trata de actos inevitablemente necesarios y reflejos, como cerrar los ojos cuando alguien nos amaga un golpe al rostro o retirar la mano cuando sentimos una inesperada quemazón o cualquier otro tipo de dolor. Nuestros intereses son nuestras elecciones o no son nada sensato, porque de otro modo podríamos acabar hablando del interés de los planetas en mantener sus órbitas actuales...

Los animales tienen necesidades e instintos acuñados evolutivamente, pero no «intereses» en el sentido más... interesante del término. Puesto en el aprieto de los extraterrestres del cuento de Zenna Henderson, ningún animal hubiera vacilado en devorar a los humanos. Se lo hubiera impuesto su condición natural y necesaria, no sus «intereses»: en cambio, fueron intereses más allá del instinto y la necesidad establecida evolutivamente (en el supuesto de que la evolución tenga validez interplanetaria, habría que preguntárselo a Darwin) los que a ellos les hicieron renunciar a nutrirse de semejantes racionales... Dudo que muchos humanos hubiésemos sido tan desinteresadamente interesados —oprimidos por ese dilema, seguro que habríamos encontrado alguna excusa para comérnoslos— pero lo indudable es que moralmente se nos podría haber reprochado semejante egoísmo. En cambio un tiburón o una piraña que hubieran cedido a la necesidad natural de la antropofagia serían moralmente irreprochables, no culpablemente interesados. Podremos decir —los zoólogos y sobre todo los primatólogos nos lo dirán— que los animales superiores son capaces de atender sus urgencias instintivas con diferentes tipos de comportamiento, a menudo inventivos: pero es indemostrable que en ciertos casos sean capaces de renunciar a ellos por atender a intereses de diferente índole: es decir, de libre elección. Como en la famosa parábola que cuenta Orson Welles en *Mr. Arkadin*, el escorpión no tiene más remedio que picar a la rana aunque de ese modo se condene a morir ahogado, porque tal es su carácter o sea su naturaleza.

Probablemente, Peter Singer y otros creyentes en que la ética no es sino una sofisticación de nuestro instinto de supervivencia social, tan evolutivamente condicionada como cualquier otro comportamiento biológico, objetarán contra este planteamiento. Pero también a ellos les será difícil argumentar su posición. Lo característico de la conducta humana es poder inhibir o aplazar la satisfacción de nuestras necesidades más perentorias para cumplir otros propósitos: respondemos a *intereses* que son, por definición, múltiples, contrapuestos y por tanto incompatibles frecuentemente unos con otros. Tener intereses, lo propio de la humanidad, es lo contrario de «no tener más remedio que», lo propio del comportamiento de los animales. Por eso se supone que nosotros somos responsables (moralmente) y los animales no. La inocencia y la culpabilidad están ligadas a la conducta interesada, no meramente a la instintiva. Es pueril decir que los animales son «inocentes», puesto que no pueden ser tampoco «culpables»: los imbéciles o los pedagogos edificantes que envidian la pureza del comportamiento animal —es decir, que añoran el jardín del Edén antes del pecado original y por tanto del comienzo de la libertad humana— olvidan esta verdad elemental[3].

También ésa es la razón por la que la similitud entre animales y humanos (o si prefieren, entre animales irracionales o no simbólicos y animales racionales o simbólicos) siempre resulta seriamente deficitaria, pese a evidentes parentescos. Algo así quiso señalar Wittgenstein, cuando dijo que si los leones pudieran hablar nuestra lengua no les entenderíamos: es decir,

[3] Esta capacidad de actuar al margen del puro instinto y en ocasiones aparentemente contra él es precisamente la causa de la perpetua amenaza de *discordia* entre los humanos. Como dijo Leszek Kolakowski, podemos imaginar la hermandad universal de los lobos pero no de los humanos, puesto que las necesidades de los lobos son limitadas y definibles, por tanto es concebible satisfacerlas completamente, mientras que las necesidades humanas no tienen límites que puedan ser definidos de una vez por todas. De modo que el hombre nunca es sólo lobo para el hombre sino siempre la posibilidad de algo mucho mejor... o peor. Quienes protestan de la maldad humana y sostienen que deberíamos aprender de otros animales normas de buen comportamiento se están quejando en realidad de la libertad ligada al uso de la razón y la imaginación que nos distingue como especie.

su mundo de necesidades e instintos no sería *representable* para quienes vivimos una existencia fundamentalmente distinta, hecha de elecciones y renuncias optativas. Y Thomas Nagel, en su famoso ensayo «¿Qué es ser un murciélago?» (incluido en *Mortal Questions*), además de subrayar la dificultad de comprender una vida basada en capacidades sensoriales distintas a las nuestras, podría también haber mencionado la disponibilidad humana para rechazar o modificar pautas biológicas de comportamiento como el mayor obstáculo para entender empáticamente cualquier existencia animal. El mismo Nagel, en otro ensayo de ese libro titulado significativamente «Ética sin biología», establece que la ética es «el resultado de la capacidad humana de someter las pautas motivacionales o de conducta innatas o condicionadas de forma pre-reflexiva a la crítica y la revisión, y crear nuevas formas de conducta».

O sea la ética no proviene de nuestras similitudes evolutivas con otros seres vivientes, sino de la capacidad única y específica de distanciarnos reflexivamente de la finalidad natural inmediata y poder afirmarla o rechazarla. Precisamente la actitud ética es el reconocimiento de esa *excepcionalidad* humana y no la afirmación de su continuidad con el resto de la animalidad. No estriba en constatar obvios parentescos zoológicos sino en reconocer una diferencia esencial sobre la que pueden y deben sustentarse las exigencias sociales de responsabilidad personal ante la acción. Por eso también podemos hablar de derechos humanos (y sus correspondientes deberes). El notable filósofo moral y jurídico argentino Carlos Nino, prematuramente desaparecido, sostenía que los derechos básicos son aquellos de que gozan todos los seres con capacidad potencial para tener conciencia de su identidad como titular independiente de intereses y para ajustar su vida a sus propios juicios de valor. Tales juicios se entienden en el sentido de que el agente racional, pese a estar dotado evolutivamente de instintos y necesidades, nunca queda del todo a merced de ellos como mero objeto. Sin duda permanece como objeto pero también siendo capaz de descentrarse de ellos para saberse sujeto y poder elegir. Por ello, junto a sus objetivos vitales irremediables, siempre tiene la capacidad potencial de poder perseguirlos o suspenderlos de maneras no irremediables[4].

Nuestros padres griegos, empezando por Aristóteles, situaban las obligaciones éticas en el plano del comportamiento interhumano, distinto de la relación con los dioses y con las bestias. Los bárbaros eran, precisamente, quienes trataban a los hombres como si fueran animales, privándoles de sus derechos cívicos o maltratándoles de forma cruel: o sea los que no distinguían debidamente entre humanos y bestias. El ejemplo prototípico, citado por diversos autores, fue el tirano Falaris, una de cuyas diversiones para amenizar sus banquetes

[4] Esta reflexión no equivale a «espiritualizar» o, aún peor, «sobrenaturalizar» radicalmente la moral. Un pensador tan escasamente materialista en el sentido reduccionista del término como Henri Bergson afirma en su tratado *Las dos fuentes de la moral y la religión* (de lo más interesante que se escribió sobre la cuestión el pasado siglo): «toda ética tiene una base biológica». Lo cual no quiere decir para el autor que la moral sea siempre una sofisticada estrategia evolutiva, sino que la ética está al servicio de la vida... pero de la vida *humana*, cuyos proyectos e ideales tienen como fundamento la biología pero nunca se reducen a ella.

consistía en encerrar a sus prisioneros en el interior de un toro —¡vaya casualidad!— de bronce, herméticamente sellado salvo una pequeña abertura a la altura de la boca; después hacía calentar el metal hasta ponerlo al rojo y los alaridos de dolor del así torturado llegaban al exterior distorsionados e irreconocibles, como escalofriantes «mugidos» de la imagen incandescente. Para los griegos, la ética no regía la relación con los dioses —en estos casos la regla era la piedad— ni con los animales —que podían ser fieles colaboradores o peligrosos adversarios, pero nunca iguales— sino sólo con los humanos: el primer principio consistía en no confundir los diversos niveles de obligación en los que tenía que orientarse la conducta.

Sin embargo, cierto embarazoso escrúpulo respecto a la relación con los que algunos pensadores han llamado «nuestros parientes inferiores» nunca ha estado del todo ausente de las reflexiones morales de Occidente. Desde luego, nada parecido a la veneración absoluta por la vida, cualquier vida (la doctrina de la *ahimsa*), que hace en Oriente a los jainitas llevar un velo sobre la boca para no tragarse por descuido un insecto o mirar atentamente al suelo para no pisar por descuido alguna hormiga; o que obligó a aquel santón hindú, aquejado por un voluminoso tumor en el cuello, a rechazar cualquier medicación que pudiera eliminarlo, diciendo «dejadlo crecer: él también está vivo». Este miramiento radical que prohíbe dañar cualquier vida parece, paradójicamente, difícil de hacerse compatible con la conservación misma de la vida. Porque toda forma de vida, empezando desde luego por la vida humana, se conserva y nutre a partir de otras vidas. Es el sacrificio de lo orgánico lo que permite mantenerse a los organismos. La *ahimsa* no sólo es incompatible con alimentarse de seres vivos, sino también con la estreptomicina y otros medios de defendernos de los peligros que suponen esos vivientes para nosotros.

La actitud jainita o budista puede tener fundamentos religiosos, que no conozco bien ni puedo discutir (la religión es indiscutible o no es religión auténtica), pero desde luego difícilmente éticos en el sentido que nuestra tradición moral concede a la palabra. Pues ¿qué fundamento puede tener la obligación ética de respetar a toda costa la vida que sólo tenemos unos seres vivos, a saber los humanos, pero no las hormigas, los tiburones o los microbios? ¿Por qué debemos comprometer los humanos nuestra propia vida y sus circunstancias no atentando contra cualquier otra vida, cuando el resto de los seres vivos naturales actúan de forma opuesta? Quizá haya una explicación religiosa a esta conducta, pero difícilmente podremos justificarla desde la ética, laica y racional. Y aquí se ve la diferencia esencial entre los mandamientos religiosos y las normas morales, que ya he recordado en otras ocasiones: pues la ética pretende dar la pauta para una vida mejor y la religión en cambio dispone para algo mejor que la vida...

Sin duda el santo cristiano que más se asemeja por su caridad sin límites a esos otros religiosos orientales (si exceptuamos a Schopenhauer, que era más o menos budista pero nada santo y nunca llevó su afecto por los bichos hasta el punto de renunciar a un asado apetitoso) fue san Francisco de Asís. Si es cierto lo que cuentan sus *Florecillas*, predicó una fraternidad casi panteísta con todos los seres, incluso con los inanimados, lo cual debió dar lugar a bastantes callejones sin salida y contradicciones en su conducta y en la de sus seguidores. Al hombre le es imposible vivir si respeta como a su hermano no a sus semejantes sino a todo lo que existe (debe comer, hacer caminos, construir casas y fabricarse vestidos a costa de violaciones mayores o menores de esa fraternidad cósmica) y al resto de los seres vivos no hay modo de convencerles de que compartan tan elevados criterios: va contra su naturaleza, es decir, contra la Naturaleza. Es lo que glosa Rubén Darío con sonora y deliciosa maestría en su poema «Los motivos del lobo». Un feroz lobo es azote de rebaños y personas en la región de Gubbia; el santo de Asís se arriesga a buscarle, le habla con persuasiva y humilde dulzura («hermano lobo... ») y le convence para que renuncie a su fiereza y prefiera la mansedumbre. El regenerado depredador trata de confraternizar con los lugareños, pero éstos desprecian a la fiera arrepentida y desnaturalizada, abusando de ella para maltratarla. El pobre converso se muere de hambre y de humillación. De modo que cuando vuelve a encontrarse con el santo, el lobo tiene un cabreo considerable y, regresando por la fuerza de las circunstancias a su anterior disposición, le previene con un aullido: «hermano Francisco, no te acerques mucho... ». No es fácil vivir el franciscanismo estricto, sobre todo cuando se ha nacido lobo. O humano, que para el caso tanto da. ¿Crueldad? El lobo no es cruel ni el hombre tampoco por atender a sus necesidades y a su forma de vida.

La perspectiva ética que empieza en Tomas de Aquino y sigue a través del Renacimiento, pasando por Rousseau y Kant hasta Jules Michelet, que habla de «nuestros hermanos inferiores» refiriéndose a los animales, condena la crueldad contra ellos no basándose en ningún tipo de igualdad entre los humanos y los seres que no lo son (ni por supuesto en inimaginables «derechos» no recíprocos entre ellos y nosotros) sino en nombre de la *degradación* de nuestra humanidad que esos hábitos brutales revelan. Quien se complace en el sufrimiento de los animales no viola una obligación moral con ellos, que no existe, sino que renuncia a su propio perfeccionamiento moral y se predispone a ejercer malevolencia contra sus semejantes, con quien sí que tiene deberes éticos. En una palabra, la crueldad contra las bestias es un mal *síntoma* y probablemente el preludio de comportamientos aún peores con el prójimo; por el contrario, la compasión engrandece nuestra vida moral —la excepcionalidad humana por excelencia— y nos acerca a lo que Nietzsche llamó bellamente «la estética de la generosidad».

La perspectiva que más choca hoy con la nuestra es sin duda la de Descartes y sus seguidores, que consideraban a los animales máquinas (aunque más perfectas que cualquier máquina humana, por ser obra de Dios) y por tanto les negaron los padecimientos y dolores. Son autómatas muy bien construidos, que imitan esas sensaciones desagradables sin padecerlas. La naturaleza en su conjunto no es un gran ser vivo —según la idea aristotélica que comparten tantos de los antiguos— sino un gran artefacto, una pieza de sobresaliente relojería. Además de darse gusto así al espíritu de la época barroca, tan aficionado a resortes, muelles y demás componendas mecanicistas, se resuelve también de paso un problema teológico: si los animales sufriesen, pero al carecer de libertad no pudiesen pecar ni por tanto merecer castigos terrenales, se proyectaría una sombra de injusticia sobre Dios. Nuestros padecimientos de seres racionales, por tanto capaces de elegir, son penas para purgar nuestras fechorías o para acumular méritos en la próxima vida eterna; los de las bestias serían dolores estériles e injustificables, racionalmente imposibles de soportar.

Este planteamiento es el más estrafalario para nuestra sensibilidad biológica y postromántica, lo mismo que nos choca saber que el decentísimo Spinoza se entretenía poniendo moscas en la tela de la araña y viendo como ésta las devoraba: según su biógrafo Jan Colerus, semejante espectáculo le hacía reír a carcajadas. Para él debía ser como asistir al funcionamiento maravillosamente automático de una serie de complicados engranajes que demostraban una y otra vez la perfección de una sustancia o naturaleza en la que no cabe hablar de Bien ni de Mal, sino sólo de «bueno» o «malo» para cada uno de los modos de ella que existen y se oponen entre sí. Lo curioso es que esta forma de ver las cosas, que tanto estremece nuestra sensibilidad actual, tiene mucho que ver con el materialismo evolucionista más moderno. También según éste los seres vivos no son sino envoltorios o «máquinas» destinados a propagar y perpetuar sus genes sin miramientos sensibleros a las atrocidades que deben cometer o soportar para cumplir ese destino. Constantemente oímos afirmar con candor a los no especialistas que «la naturaleza es muy sabia» o que «la naturaleza es cruel», afirmaciones que no sólo no se oponen sino que se complementan y yo diría que aún más: significan lo mismo.

La perspectiva moral más decididamente preocupada por el bienestar de los animales es sin duda el utilitarismo. Jeremy Bentham, padre intelectual de esta doctrina, argumentó a favor de lo que luego se llamó «liberación animal» dentro de la polémica en pro de la abolición de la esclavitud humana (seguidores del utilitarismo incipiente fueron dos de los políticos abolicionistas más activos, William Wilberforce y Thomas Fowell Buxton, que fundaron también en 1824 la primera Sociedad Protectora de Animales en Inglaterra). Los partidarios del esclavismo sostenían que emancipar a los negros —como acababa de hacerse en las colonias francesas de América— sería parecido a conceder derechos a los animales; audazmente, Bentham invirtió la argumentación: ¿y por qué no hacerlo? Estaba abriéndose paso la idea revolucionaria de que nadie podía ser excluido de la protección de la ley a causa del color de su piel o la forma de la nariz; del mismo modo, quizá llegase el día en que ninguna criatura pudiera sufrir ese desamparo pese al número de sus extremidades, la pilosidad de su piel o la forma de su osamenta. Bentham señala que un caballo o un perro adultos pueden ser desde todo punto de vista más sociables y razonables que un recién nacido. De modo que la línea de demarcación del respeto moral al prójimo no puede establecerla la capacidad de hablar o razonar sino esta pregunta fundamental: «¿pueden *sufrir*?».

La intención de Jeremy Bentham era esclarecida y humanitaria (su discípulo Henry Salt dio forma estable a su doctrina en el libro *Los derechos del animal en su relación con el progreso social*, de 1892), la lucha política de Wilberforce logró finalmente la abolición de la esclavitud y le ganó así la plaza más merecida en el panteón de benefactores ilustres, pero visto desde la teoría ética se perdieron en el camino conceptos importantes y se malinterpretaron otros. Los esclavos consiguieron su emancipación no gracias a defensores de sus derechos que proclamasen la indignidad de que seres humanos fueran tratados como animales sino a bondadosos abogados convencidos de que ni siquiera los animales deben ser tratados como esclavos. Es decir, se estableció una continuidad esencial entre los animales irracionales y los racionales, de tal modo que lo importante dejó de ser la capacidad de elegir que distingue a los segundos de los primeros y pasó a ocupar su lugar la gradación en la conciencia del dolor y el interés de rehuirlo, que comparten según su escala de sensibilidad unos y otros. La idea fundamental de la ética, la *libertad* —es decir el interés de optar por intereses distintos o contrarios a los naturalmente determinados— fue dada de lado o cancelada como evolutivamente incomprensible, en beneficio del interés natural e irremediable por evitar el dolor y buscar la satisfacción de nuestras necesidades, que comparten todos los seres vivos. Con más o menos sofisticaciones aportadas por Peter Singer, Ted Honderich, Jesús Mosterín y otros, en ello seguimos.

Ahora bien: ¿qué significa exactamente causar dolor a los animales? Y ¿qué es lo que éstos *necesitan*? Por supuesto, los animales sufren, como el resto de los seres vivos: de hecho, buena parte de las bestias que jamás han tenido contacto con el hombre padecen en ciertos momentos de su vida y me atrevo a decir que en general aún más que la mayoría de los gatos, perros, caballos, vacas, toros, etc. que conviven con los humanos. La Naturaleza —sea lo que fuere el conjunto de fatalidades que designamos con esa prosopopeya— programa o consiente cacerías, hambrunas, matanzas y aún refinadas torturas (¡esos insectos de afilado aguijón que ponen sus huevos en el cuerpo de una víctima paralizada por su veneno para que al crecer las larvas se alimenten de la presa aún viva!) que aseguran a los animales una existencia tan dolorosa como, por ejemplo, la nuestra. A veces, aún más. Hay humanos a los que parece dolerles el dolor ajeno, pero es porque los humanos —se quiera o no— tenemos siempre un ramalazo antinatural: pocas cosas menos naturales y más ajenas a los procesos así llamados que la compasión.

Pero, dicen los utilitaristas, en tales casos se trata de dolores efectivamente *naturales*, es decir, justificados, inevitables, exigidos por la condición de esos seres, imprescindibles, necesarios... no culpables. O sea, los dolores causados por la Naturaleza son sufrimientos imprescindibles para la vida en su conjunto, mientras que los provocados por los humanos son caprichosos y no necesarios. Hay aquí, si no me equivoco, cierta contradicción: la continuidad entre los seres vivos, que sitúa a los humanos entre los demás sin poder arrogarse ningún privilegio («todos los animales son iguales», asegura Peter Singer) se rompe de pronto por la esquina del dolor, puesto que los sufrimientos causados por el hombre a otros bichos no son naturales ni necesarios como aquellos que los bichos se causan entre sí. Somos la excepción maligna en un sistema de intereses atroz y feroz pero, hasta nuestra llegada, sin culpables: como se nos narró en la fábula del Génesis, suscrita por lo visto por muchos materialistas, con nosotros llega al mundo el pecado original. Tenemos unos deberes que por lo visto nadie tiene en el universo —¿no es esto una forma de lúgubre orgullo especieista?— y nuestro frecuente incumplimiento nos convierte en los únicos posibles malvados del cosmos...

El daño que causamos a los animales —aseguran los utilitaristas y asimilados— no es necesario, o sea va contra los intereses de esas pobres víctimas. El toro no quiere ser lidiado, ni la gallina poner huevos para alimentarnos, ni el caballo correr o tirar del carro ni el cerdo aprovisionarnos de jamones y chorizos o de piel para hacer zapatos: todo eso va contra sus intereses animales. Quizá ni siquiera el perro desee mover el rabo al ver a su dueño, por no hablar de los gatos a los que se castra para impedirles procrear camadas indeseadas, etc. Pero ¿en que consiste el interés de todos los animales llamados domésticos, es decir, los que viven en *simbiosis* con el hombre desde hace tantos siglos? Porque ya no responden a la mera evolución natural, sino que son el producto de una selección y cría orientada por la voluntad humana. Lo que el proceso de selección natural de la evolución ha hecho con otros seres, los humanos lo hemos logrado de manera más o menos intencional y consciente con los animales domésticos. Hasta el punto que Charles Darwin comienza *El origen de las especies* apoyándose en el proceso de selección y cría que los humanos han realizado con los animales para obtener mejor suministro de alimento, transporte, pieles, compañía, etc. Como resultado de este condicionamiento a lo largo de siglos, para todos los animales domésticos la evolución y la naturaleza tienen rostro humano. Si la evolución y la naturaleza espontáneas (por llamarlas de algún modo) no fuerzan la voluntad de los seres que producen ni son culpables de los dolores que inscriben en su destino, ¿por qué debe serlo la evolución y naturaleza de rostro humano que ha producido ciertas variedades de animales y determinado su forma de vida? ¿Acaso los genes que aspiran a perpetuarse son legítimamente «egoístas» pero los humanos no gozamos de la misma prerrogativa?[5]

El zoólogo Desmond Morris, autor del *best-seller El mono desnudo*, cometió otro libro que pretendía responder en cierto modo a *El contrato social* de J.-J. Rousseau y que tituló *El contrato animal*. Pero la equivalencia no es sostenible, porque el contrato social al que Rousseau se refería se basa en el lenguaje y en la reciprocidad consentida, condiciones imposibles en la relación entre humanos y animales. Por tanto en este caso no podrá haber «contrato» válido, sino sólo *trato*: aunque no está fuera de lugar hablar de buen o mal trato de los animales domésticos por parte de los humanos. No tiene sentido preguntarse si quieren ser lo que son, es decir aquello para lo que la cría humana les ha determinado pero sí es lícito cuestionar si el modo en que se les trata responde a ciertos miramientos

[5] Suele decirse que la cría humana ha «mejorado» las especies domésticas, pero esto es algo muy discutible en términos absolutos. Me cuesta admitir que ninguna raza de perros sea «mejor» que los lobos de los que descienden. Lo único que puede asegurarse es que los perros responden mejor a las necesidades o caprichos humanos que los lobos. Y, desde luego, que sin esas necesidades y caprichos no existirían perros... Lo mismo es válido para las vacas, los cerdos, los caballos de carreras y los toros bravos. Son obras de arte humanas, no productos espontáneos de la naturaleza. Hablando en lenguaje ontológico, los animales domésticos no son *en sí* ni *para sí*, sino *para nosotros*, los humanos.

de decencia o *fair play*. Los animales domésticos están bajo la protección, y en cierta medida son responsabilidad, de los humanos. Por tanto se les puede reconocer un cierto tipo de «interés» en que no se les impongan padecimientos que desborden y expriman de modo superfluo o exagerado el servicio que prestan al huésped humano. Ser capaces de sufrir no les convierte en sujetos morales, salvo en la óptica utilitaria animalista, pero en todo caso merece consideración por parte de los agentes racionales que se benefician con ellos.

Tratar bien a las aves incluye aprovechar sus huevos y su carne, pero probablemente no ciertas formas de explotación industrial intensiva que omite en busca de mayor provecho cualquier consideración sobre su bienestar sensorial; lo mismo puede decirse de cerdos, ganado vacuno y los mustélidos cuyas pieles son especialmente valiosas. La simbiosis implica ciertas obligaciones por nuestra parte y abandonar al perro que nos acompaña en casa para irnos de vacaciones sin duda no las respeta. Quizá algunos animales son imprescindibles para experimentar y poner a punto medicinas de gran utilidad social, pero ello no excusa que sean manipulados de cualquier forma y sin ningún tipo de consideración a sus padecimientos. Etcétera. Dentro de este rango de seres naturales «artificializados» por la cría de acuerdo con nuestros intereses, ciertas bestias criadas para el deporte o el espectáculo como los caballos de carreras y los toros de lidia ocupan sin duda un rango aristocrático por el trato privilegiado que comúnmente reciben. Ojalá con todos los demás animales fuésemos siempre tan considerados...

Escuchemos ahora una reflexión sugestiva de José Luis Pardo, un pensador que demuestra con cada uno de sus escritos el interés de la perspectiva filosófica para encarar la actualidad: «La animalidad, como en general la naturaleza, siempre es para nosotros, los humanos, algo inquietante. Y uno de los remedios más extendidos contra la inquietud es la asimilación: conceder derechos a los animales, por ejemplo a las plantas y a los bosques, es decir, empeñarse en *no dejarles ser lo que son.* Si a alguien le preocupasen realmente los animales o la naturaleza, lo primero que haría sería levantarse al menos con las armas del intelecto contra semejantes intentos de eliminar del mundo todo lo que nos es ajeno» (en *Nunca fue tan hermosa la basura*). La dificultad estriba en que la naturaleza, que sólo existe para nosotros, no nos es *totalmente* ajena: es algo que tenemos y no tenemos, donde estamos y no estamos, que compartimos con los demás seres pero cuya carencia a la vez nos separa de ellos. De ahí nuestra desazón: al contrario de los animales, que están en lo natural «como el agua en el agua» según Georges Bataille, nosotros estamos instalados naturalmente como el aceite en el agua, sin poder separarnos de la naturaleza ni mezclarnos por completo con ella, flotando allí y extrañados de flotar en ese medio. Situación inquietante, que tratamos de combatir asimilando los demás seres a los artificios humanos ya que resulta imposible (por mucho que se esfuercen en intentarlo los beneméritos evolucionistas y demás chantres del cientifismo) naturalizar por completo nuestros artificios característicamente humanos. Divinizar (en el pasado) y humanizar hoy a las bestias es el primer paso de la difícil —intelectualmente hablando, al menos— convivencia con lo que tanto se nos parece y tan diferente a nosotros es.

Asimilar a los animales domésticos, que al fin y al cabo pertenecen a nuestra «familia» y por tanto comparten con nosotros la obligación de ser sociables y producir beneficios, es algo relativamente sencillo gracias a la cría que les ha hecho adoptar la forma adecuada para tales propósitos. En cambio las bestias salvajes se resisten a ese proceso y deben convertirse en ideales inalcanzables de gracia y libertad o en demonios que encarnan amenazas malignas para ser comprendidas dentro de nuestro esquema simbólico. Cuando el universo estaba «divinamente» ordenado, o sea cuando creíamos sin mayores reticencias en Dios, el asunto era más fácil. Para el renacentista Pico della Mirandola, todos los seres ocupan su lugar en una escala de los seres que va desde los ángeles hasta la simple ostra, en el nivel más humilde de la creación; precisamente la «dignidad» del hombre, ese divino camaleón que puede adoptar todas las formas, es carecer de un puesto fijo y —gracias a la libertad que le convierte en co-creador de sí mismo junto a Dios— ascender o descender por esa escala según los dictados de la voluntad que le hace responsable de santidad u oprobio.

Estar sometido a la moral es también aquí carecer de una condición predeterminada naturalmente y reconocer la excepcionalidad de tener que elegirnos al elegir. Por su parte, los medievales asumían que —si bien la moralidad era patrimonio humano— las leyes estaban vigentes para todos, pues lo contrario hubiera sido un escándalo peligroso. De modo que, como nos recuerda Julian Barnes, «en la Edad Media se procesaba a animales. A langostas que destruían las cosechas, a carcomas que se comían vigas de iglesias, a cerdos que se zampaban a borrachos tendidos en cunetas. A veces los animales comparecían ante el tribunal, a veces (a los insectos, por ejemplo) se les juzgaba *in absentia.* Había una vista judicial completa, con acusación, defensa y un juez togado que podía imponer toda una lista de castigos: libertad condicional, destierro y hasta excomunión. En ocasiones había incluso una ejecución judicial: un funcionario del tribunal, con guantes y capucha, colgaba a un cerdo por el cuello hasta la muerte» (*Nada que temer*). Con cierta inconsecuencia, Barnes supone que estos procesos podían ser una especie de ascenso de los animales, pues según él así se demostraba que formaban parte de la creación divina y no habían sido puestos en la tierra para mero solaz y utilidad de los hombres. La verdad es que procesar a los animales que dañaban intereses humanos al seguir sus instintos parece más bien prueba de un antropocentrismo legalista de arrogancia devastadora. Continúa el escritor inglés: «Las autoridades medievales llevaban a juicio a algunos animales y ponderaban con toda seriedad sus delitos; nosotros los metemos en campos de concentración, los atiborramos de hormonas y los despedazamos, con lo que nos recuerdan lo menos posible algo que en su día cloqueaba, balaba o mugía. ¿Qué mundo es más serio? ¿Cuál de los dos el más avanzado moralmente?». La respuesta obvia es que el uno es consecuencia directa del otro: los medievales creían que los animales cometían un delito perjudicando a los humanos, nosotros preferimos suponer que su obligación material es convertirse en negocio dentro de la ganadería de explotación intensiva. En ambos casos se les juzga no de acuerdo a lo que ellos son —como añora José Luis Pardo— sino según los daños o beneficios que representan para nosotros. Dicho sea de paso, Julian Barnes es un escritor muy estimable y simpático, pero que hará bien en reducir al mínimo imprescindible sus incursiones en el terreno de la filosofía moral...

Según la mayoría de los habitantes de los países desarrollados se han ido alejando de la simbiosis campesina con los animales, ha ido creciendo la idealización de éstos y la compasión por su suerte. Antes, el trato entre humanos y animales tenía la brutal familiaridad de la vida cuartelaria: se sabía que nos mantenía juntos el interés y de vez en cuando se les infligía a los bichos una novatada grosera o un doloroso ritual de iniciación. Por supuesto, los lobos, raposas y osos eran alimañas que amenazaban el ganado, no especies a conservar como lo son para quienes nunca han visto un rebaño más que en forma de chuletas. Aún sigue siendo así en los pueblos, aunque muchos de los remilgados citadinos que disfrutamos con el jamón o el chorizo no soportaríamos participar en primera fila en la fiesta de la matanza del cerdo. Ya no necesitamos salpicarnos de sangre, basta ir al supermercado y comprar una bolsa de plástico llena de lonchas envasadas al vacío... Por supuesto ello no quiere decir que seamos más ilustrados ni mucho menos más «morales» o realmente compasivos —como suponen algunos de nuestros «neobudistas» de guardarropía— sino que como buenos urbanitas desconocemos más y más lo rural... aunque sin prescindir de sus regalos culinarios o del resto de sus formas de utilidad. Por lo demás, ojos que no ven, corazón que no sufre.

Los animales van desapareciendo de nuestras vidas como presencias reales cotidianas, como seres con sonidos y olores propios: ahora sólo disfrutamos de sus productos, higiénicamente preparados. Los niños desconocen casi del todo cómo se obtienen los huevos y la leche o a qué se parecen los atunes cuya carne encuentran en las latas de la merienda. Va siendo cada vez más raro frecuentar zoológicos, acuarios y circos (que decaen víctimas de la crítica compasiva de los ecologistas): los únicos animales salvajes del mundo infantil son los que aparecen en los documentales de la televisión y los travestidos que protagonizan los dibujos animados. Aquellos con los que todavía convivimos en las casas de la ciudad siguen padeciendo los males habituales de la compañía humana, caprichosa o paternalista y frecuentemente punitiva: los perros y los gatos —fabricados a nuestra imagen y semejanza— soportan nuestro cariño invasor y dominante, son castrados cuando así conviene y con frecuencia abandonados sin misericordia si estorban nuestro periodo vacacional (a algunos ancianos les pasa lo mismo, de modo que para qué quejarse). Los pajaritos, los hámsters y las tortugas viven enjaulados y están que trinan, los pobres; en cuando al resto de las mascotas... bueno, con la mano en el corazón, ¿hay algo peor que ser *mascota*?

No voy a referirme a los parásitos, aunque son tan animales y parte de la diversidad como cualquiera: pero las ratas, polillas, cucarachas, pulgas, etc. tienen tan pocos abogados defensores y tantos exterminadores colegiados que prefiero callarme sobre su suerte. En este contexto de pérdida de la referencia simbiótica, los más «compadecidos» son precisamente los que viven mejor pero aparecen en espectáculos elegantes, de cierto corte aristocrático que irrita a muchos: los zorros cazados con perros en Inglaterra por duques vestidos con librea roja, los caballos de carreras fustigados por sus jinetes o forzados a saltar grandes obstáculos, los toros banderilleados, picados y estoqueados en la plaza, etc. ¡Por favor, salvémoslos al menos a ellos, que se nos ahorren esos martirios estéticos! Después de todo, son juegos inútiles para gran parte de la población, que ya tiene otros entretenimientos. Y cuando no hay razones de utilidad por medio, florece la generosidad budista con las bestias. Como asevera razonablemente Ruth Harrison, «la crueldad sólo es reconocida cuando el beneficio cesa» (*Animal Machines*).

Y en muchos campos, efectivamente, ese beneficio va cesando. Al modernizarse, nuestra cotidianidad se artificializa constantemente y las sustancias *sintéticas* sustituyen a los materiales directamente tomados de la naturaleza: la madera, el cuero, las pieles, la concha, el marfil, la seda, el algodón, el aceite de hígado de bacalao, etc., dejan paso a los plásticos de toda condición, la fibra industrial, los preparados médicos a base de compuestos químicos, la pasta que imita al carey y la gutapercha con ínfulas de cocodrilo. A veces tales sustituciones son muy bienvenidas: los que amamos románticamente a las ballenas[6] nos sentimos felices de que su aceite no sea necesario para iluminar las ciudades, ni sus barbas sirvan ya para fabricar varillas de corsé (creo que ni siquiera se usa el corsé, para mayor fortuna) y de que el ámbar gris tenga alternativas satisfactorias en perfumería; en beneficio de los escasos rinocerontes asiáticos que aún quedan, sería estupendo que los chinos se convencieran definitivamente de que la Viagra es un potenciador sexual mucho mejor que el polvo obtenido de machacar el cuerno de esos paquidermos, etc. Algunos de estos sucedáneos pueden salvar de la extinción a hermosas especies animales que, por razones sentimentales y estéticas aunque no éticas, queremos que sigan habitando con nosotros el planeta. Claro que en otros muchos casos la producción de bienes sintéticos poluciona el medio ambiente y destruye a más especies de las que preserva.

El crecimiento del artificialismo en la vida humana puede tener así efectos contradictorios en la supervivencia de los

[6] Una palabra sobre el amor romántico a los animales. Como los otros amores, es una forma de discriminación: amamos a algunos animales y no a otros; les amamos porque son hermosos, grandes, majestuosos, fieros, o pequeños pero conmovedores, exóticos, vinculados a la mitología o a aventuras ancestrales, enemigos soberbios o dioses tutelares. En cualquier caso, les amamos porque encarnan los riesgos de la vida sin compartir las razones e inhibiciones de la humanidad. O sea, porque viven como nosotros pero no son como nosotros: carecen de derechos porque tampoco tienen deberes. Por supuesto, sólo los satíricos y los cínicos predican que «deberíamos aprender de ellos»; y sólo los imbéciles exclaman con los ojos en blanco que son «mejores que nosotros»...

animales. Es imaginable que en el futuro nos alimentemos de comida fabricada industrialmente, sazonada con aromatizantes y colorantes químicos que nos hagan olvidar los alimentos de origen animal que hoy tanto disfrutamos (incluso puede que reciclemos con fines alimenticios a nuestros cadáveres, que ya ni sienten ni padecen, como en la película *Soylent Green*). Esa nueva gastronomía evitará los padecimientos de la ganadería intensiva a muchos de nuestros compañeros simbióticos, pero seguramente significará el final de pollos, vacas o cerdos cuya cría dejará de tener interés comercial. Supongo que aún podremos ver algunos especímenes en reservas zoológicas o en viejos documentales. Y desde luego desaparecerán ciertas formas humanas de vida tradicional campesina: tendremos que resignarnos a olvidar la música rural del canto de los gallos y el mugir de los terneros. También los paisajes dejarán de ser lo que fueron...

Está claro: sin hipódromos de competición dejará de haber caballos de carreras y sin corridas desaparecerán los toros de lidia y las dehesas. Un ejemplo de la alarma social producida por ciertas iniciativas humanitarias fue lo ocurrido en Inglaterra cuando los laboristas de Tony Blair (más sensible al padecimiento de los zorros que al de los iraquíes) decidieron abolir la caza con perros y a caballo. Muchas de las admirables características del campo inglés se deben a ese deporte, porque los cazadores deben pagar a los propietarios rurales por los que pasan las jaurías y eso permite una alternativa rentable a los cultivos que homogeneizan el paisaje. De modo que en las manifestaciones de protesta contra esa prohibición hubo miles de ciudadanos que vivían en el campo y del campo, frente a los partidarios ecologistas de la medida que en su inmensa mayoría eran urbanitas que jamás habían visto de cerca un zorro ni salían a campo abierto más que para tomar el aire los fines de semana. En ciertas ocasiones, seguir los dictados del buen corazón que no escucha las razones de la cabeza puede traer serios daños colaterales...

Conclusión taurina

Además de servirnos como fuente de alimentos, transporte, fuerza motriz, vestidos y calzado, etc., los animales han sido utilizados por los humanos —en todas las épocas y latitudes— como representantes de instintos y comportamientos no regidos por la razón que representan y ayudan a comprender el *significado* de la vida, en tanto ésta se arriesga en juegos, desafíos y enigmas frente a la presencia constante de la muerte. Los animales han sido para los hombres antagonistas y maestros, presas y también depredadores. Bruce Chatwin llegó a imaginar que quizá el hostigamiento inmisericorde de algún gran carnicero prehistórico especializado en devorar humanos fue la causa primera de que se formaran tribus y alianzas destinadas a defendernos de esa amenaza. En cualquier caso, la caza fue la batalla primordial y también base de los rituales iniciáticos que consolidaban nuestra energía frente al peligro o la carestía: algunos cazadores la siguen intentando practicar y entender en cierto modo así aún en nuestros días urbanizados. También las lides circenses y las exhibiciones de doma han pretendido simbolizar ese enfrentamiento con una fuerza bruta que pone en juego todos nuestros recursos y reta a los pánicos de nuestra mortalidad.

Por supuesto, no siempre es precisa la violencia para obtener la lección de los animales: de modo narrativo, protagonizan fábulas y leyendas que ejemplifican los comportamientos virtuosos o erróneos, así como también sirven de paradigmas estéticos para decorar nuestras moradas. Pero la familiaridad con las bestias va disminuyendo según transcurre la historia y esas batallas y paradigmas modélicos se van haciendo más y más virtuales hasta resultar casi incomprensibles para las generaciones más recientes. Hoy los niños poco saben ya de cigarras y hormigas, de cuervos y zorros, de cocodrilos o sapos con ínfulas de llegar a convertirse en bueyes: los seres inhumanos que les resultan más familiares vienen del pasado remoto, como los dinosaurios, o del espacio lejano, como ET o Alien...

Los hombres somos los animales que vemos morir y comprendemos la fatalidad que encierra la muerte, frente a la cual buscamos ánimo como podemos: nuestra mirada sobre la muerte, convertida en poesía o en juego arriesgado, se vuelve contra nosotros y es la venganza de los animales que perecen sin súplica ni protesta. A través de los siglos y de las diversas culturas la escena primordial —el hombre, la fiera, la muerte y la habilidad para esquivarla— ha debido tener lugar según rituales muy diferentes. Algunos, elementales y sin matices en su crudeza sanguinaria, han desaparecido con el refinamiento cívico de las costumbres y la estética; otros se han ido estilizando, codificados como una danza popular en la que se expusiera la vida. Las corridas de toros pertenecen a este último género y quizá lo representan ya de forma única y por tanto insustituible, pese a las degeneraciones comerciales y turísticas que no es difícil señalar en ellas. Para decirlo todo, son estas formas de degradar la fiesta lo que constituye la mayor amenaza para su supervivencia, mucho más que las iniciativas prohibicionistas de los antitaurinos.

Es comprensible que muchas mentalidades estrictamente realistas, sensibles a la evidencia fáctica de la sangre y cerradas a dimensiones simbólicas de atavismo desasosegante se sientan repelidas por ellas. Y aún más en nuestra época religiosamente científica, que todo lo somatiza y anestesia para hallar consuelo de lo irremediable. En efecto, prescindir de los conocimientos científicos para categorizar conductas humanas es sin duda hoy muestra de oscurantismo, lo mismo que atenerse exclusivamente a ellos nos condena a una incurable superficialidad[7]. La disputa viene de atrás, para ser exactos como mínimo desde mediados del siglo XIX. Luchar contra una simple criatura natural, por feroz y poderosa que sea, para sublevarse contra el destino mortal... equivale a desafiar al orden del mundo que separa lo racional de lo irracional y exige piadosa resignación. Es el reproche del sensato Starbuck

[7] Una cierta interpretación de la teoría evolucionista convierte las normas morales en simples derivados de las estrategias de adaptación al medio, a partir de la estricta continuidad en todos los planos de los seres vivientes. Aparte de que sus demostraciones son más bien tautológicas (cualquier pauta moral, puesto que existe, debe encontrar *a posteriori* su utilidad evolutiva, tanto da que sea la caridad o el canibalismo ritual), confunde la explicación más o menos convincente de la conducta con su legitimación ética. De modo que de esta última nada queda ya más humanamente complejo que el rechazo de causar dolor innecesariamente... a cualquier ser que pueda sentirlo

a Ahab en *Moby Dick*, la gran epopeya metafísica de Herman Melville: «¡Vengarse de una bestia irracional que te atacó simplemente por instinto! ¡Qué locura! Parece una blasfemia, capitán Ahab, enfurecerse con un ser irracional». Y la respuesta del impío Ahab aún resuena en la palestra universal en que se juega nuestra vida (y en las plazas de toros) a despecho de las ciencias y de su precisa enseñanza: «Escúchame aún, y en voz baja. Todos los objetos visibles no son sino simples decorados, máscaras. Pero en todo acontecimiento, en el acto vivo, en el hecho indudable, algo desconocido, pero que sigue razonando, aparece con sus propios rasgos tras la máscara irracional. Si el hombre debe atacar, ¡que lo haga a través de la máscara! ¿Cómo puede el preso evadirse si no es lanzándose a través de la muralla?».

Starbuck no lo entiende y se escandaliza: nosotros también, a pesar de no dejar de oír y de estremecernos con las palabras de Ahab, con su empeño imposible. Es perfectamente lógico que no queramos ver morir ballenas, ni toros... aún a sabiendas de que nosotros seguiremos muriendo sin remedio. ¡Que la muerte se convierta en un proceso natural y por tanto benéfico (para la especie, para los genes, para el universo entero)! Y que el prisionero no pretenda lanzarse a través de la muralla, puesto que al otro lado no hay nada ni puede haberlo. La sangre vertida por los irracionales no nos rescatará de nuestro desangrarnos racionalmente: elijamos la compostura, la compasión budista que renuncia al deseo más ardiente, el sentido práctico que evalúa sin fantasías simbólicas costes y beneficios, así como la compasión higiénica y pastoril.

El rechazo de festejos como las corridas de toros es la opción moral respetable de una sensibilidad personal ante una demostración simbólica de raigambre atávica y desmesurada según los parámetros racionalistas comúnmente vigentes. Pero no puede fundar a mi juicio una moral única, institucionalmente obligatoria para todos. También es respetable que, de acuerdo con pautas religiosas o éticas, muchas personas condenen la práctica del aborto, por ejemplo. Lo que ya no resulta respetable del mismo modo es que los antiabortistas conviertan su opción en la única éticamente digna y califiquen de asesinos de masas a los que discrepan de ella. De modo semejante, tampoco es aceptable para una convivencia en la pluralidad de valores democrática que los antitaurinos califiquen como asesinato o tortura lo que ocurre en las plazas. Que ciertas personas se exhiban con falsas banderillas sobre la piel y ensangrentadas con pintura es una deformación agresiva e insultante de la realidad: la barbarie no consiste en tratar con inhumanidad a los animales, sino en no distinguir el trato que se debe a los humanos y el que puede darse a los animales[8].

[8] Cuando el diestro Julio Aparicio sufrió una espeluznante cogida en la pasada feria de San Isidro, hubo un debate en televisión sobre la oportunidad de exhibir reiteradamente la fotografía del dramático momento en que el cuerno de la res aparece por la boca ensangrentada del torero. Varios espectadores llamaron para comentar que peor lo pasó el toro, banderilleado y estoqueado luego a muerte. Incluso alguno insinuó que Aparicio se lo tenía merecido. Sin duda ésta es la voz de la barbarie, no de la ilustración ni el humanismo.

Yo no practico la caza ni la pesca —aunque consumo sus productos— ni sería capaz de trabajar en un matadero: conozco lo que repugna a mi sensibilidad, pero no tendría la arrogancia de convertirlo en norma ética impuesta a todos. Ciertos autores ceden a la tentación de convertir en indebidas aquellas formas de trato con los animales que les resultan más lejanas: por ejemplo Luc Ferry, en su por otra parte muy interesante y reflexivo libro *El nuevo orden ecológico*, se inclina a desautorizar las corridas de toros —a las que confiesa que no ha asistido jamás— pero en cambio no dice nada de la forma poco compasiva de tratar a las ocas para obtener *foie-gras*, lo cual probablemente le resulta mucho más próximo y familiar. Prueba de que incluso los miembros más reflexivos de cualquier colectivo suelen considerar evidentemente superfluas y prescindibles las costumbres de otros que ellos no comparten.

Con frecuencia oímos rechazos a ciertas defensas dudosamente líricas o patrióticas de la fiesta de los toros, peligrosamente bautizada como «nacional», y también críticas a muchas corrupciones acomodaticias de sus reglas (sin duda existe fraude ocasional, aunque nada comparable a lo que se da cotidianamente en el fútbol o en la fórmula uno). Pero lo que está en juego, cuando se pide abolir definitivamente las corridas no pueden ser sino cuestiones morales de fondo, como las que hemos tratado de plantear en estas páginas. No cabe reprochar a los antitaurinos su actitud personal, pero sí el exceso de buena conciencia que les lleva a pedir prohibiciones absolutas: yo les aconsejaría menos arrogancia y más sustancia, porque sus argumentaciones estrictamente morales dejan bastante que desear. Quizá mañana prevalezca la sensibilidad que ahora expresan —muchos indicios lo señalan— pero ello no nos mejorará moralmente, sino que sólo desplazará nuestro eterno conflicto con la naturaleza a otros campos de liza.

SEGUNDA PARTE

3. Pregón taurino

CUANDO un amigo muy querido me hizo llegar la invitación para ser pregonero nada menos que de la Feria de Abril sevillana, tuve la tentación de responder lo mismo que dijo Borges a un admirador que le proclamaba el mejor escritor vivo del mundo: «comete usted un error muy generoso». En efecto, sólo por culpa de un error demasiado generoso puede explicarse que esté yo hoy aquí ante ustedes con la tarea descomunal y honrosa de emular mal que bien lo que hicieron excelentemente bien en los pasados años talentos tanto más ilustres. *Domine, non sum dignus...*

Creo sinceramente carecer de títulos válidos para ocupar esta noble tribuna. Pero ésa es la menor de mis preocupaciones, porque conozco suficientemente la cordialidad hospitalaria de quienes me invitan y de todos ustedes como para saber que están dispuestos a tratar como a un cisne a cualquier patito o patoso feo. Lo que de veras me angustia es mi especial torpeza ante este tipo de encargos, aliviada

—justo es decirlo— por el hecho afortunado de que rara vez me los hacen. Carezco de dotes para el género celebratorio y no sé decir cosas adecuadamente bonitas, por lo menos cuando me lo propongo. A veces los piropos se me escapan, como los suspiros de la boca de fresa de Margarita según Rubén Darío, pero casi nunca logro formularlos deliberadamente de forma competente.

Imaginen ustedes, por ejemplo, que quisiera cantar los debidos elogios a Sevilla, ciudad que a mi juicio los merece casi todos. Si estoy en privado, con un grupo de amigos o con un extranjero interesado en visitar Andalucía, seré sin duda elocuente y persuasivo al recomendarles tan informal como calurosamente esta memorable capital. Por el contrario, ante un auditorio numeroso y en una ocasión oficial como la que ahora vivimos, sólo se me ocurren balbuceos lisiados: Sevilla, maravilla, la maravilla de Sevilla y vuelta a empezar. Cuanto va más allá de tales tópicos ingenuos me resulta rebuscado, pretencioso y hueco. Esta situación me recuerda un programa de la televisión francesa que vi hace bastantes años. Lo protagonizaba la señora (o señorita o ambas cosas alternativa y sucesivamente) Marlène Mourreau, que poco después se vino a vivir a España donde ha llegado a adquirir justificada notoriedad. Consistía en la retransmisión en directo desde la playa de Biarritz de una especie de concurso veraniego. La interesante Marlène, en el más abreviado de los bikinis, se ofrecía a la libido poética de una serie de mozos obviamente más ricos en testosterona que en metáforas. Uno tras otro debían requebrarla como su afán les revelase y ganaría el que lograra el piropo más sugestivo, según el juicio inapelable de la bella. Si no comprendí mal, el premio consistía en una envidiable *soirée tête-à-tête* del ganador y lo ganado. Comenzó la liza y allí se oyeron cosas inenarrables que yo nunca hubiera creído posible formular en la lengua de Racine. La así vitoreada agradecía las burradas con falsamente escandalizados mohínes y sonrisas. Pero incluso en la más hirsuta de las huestes se esconde un aspirante a Rilke. Congestionado por la emoción creadora y por el esfuerzo intelectual, el último de los contendientes rugió con delicadeza casi subversiva: «¡Tienes piel de melocotón!». Hubo un emotivo silencio y después la homenajeada, con una carcajada y un ademán inequívoco, descartó el epigrama comentando: «¡Demasiado intelectual para mí!». Yo la escuché y tomé buena nota de la crítica. En cuanto me subo a zancos retóricos para celebrar lo que más aprecio, me digo que estoy siendo más intelectual de lo soportable. Y, claro está, cierro el pico. Sevilla, maravilla: punto final.

Entonces, ¿qué hacer? Abrumado por esta perentoria demanda leninista, le daba yo vueltas al tema imposible de mi pregón desde que con culpable osadía acepté el compromiso de pronunciarlo. Inesperadamente, fue Internet quien como moderno Amadís acudió a rescatarme de las dudas. A mi correo electrónico, habitualmente sólo frecuentado por los inevitables virus que tanto nos dicen de la cordialidad fraterna de nuestros semejantes, empezaron a llegar mensajes de advertencia. Por lo visto, la prensa había publicado anticipadamente que yo debía encargarme este año de oficiar como pregonero y la noticia movilizó a diversas personas pertenecientes a grupos ecologistas, de defensa de los derechos de los animales y antitaurinos por principio en general. La pregunta que me hacían, en la mayoría de los casos cargada de reproche, puede resumirse así: «¿Cómo es posible que usted, un profesor de ética de convicciones ilustradas y humanistas, se preste a ejercer como telonero y ensalzador de un cruel festejo taurino?». La cuestión así planteada, junto a la objeción que encierra, me pareció legítima. Es más, me indicaba un posible argumento para esta alocución relacionado directamente con los temas con los que estoy más familiarizado y entre los que me muevo, no sin razonables vacilaciones, con mayor desenvoltura. De modo que decidí aceptar el reto y tomar el toro por los cuernos, nunca mejor dicho...

Para comenzar, a modo de introito, debo hacer memoria de mis primeros contactos con el toro bravo. El inicial de todos ellos, en carne y hueso (dejando aparte fotografías y carteles de la fiesta) tuvo lugar cuando yo contaba siete u ocho años y resultó bastante impresionante. Entonces vivía en San Sebastián, pero aquel verano pasé una semana o dos en Vinuesa, en la provincia de Soria, con mis abuelos maternos, que tenían allí familia. Era un pueblito pequeño y a mí, pese a ser tan incurablemente urbano, me encantaba explorar sus callecitas estrechas que siempre desembocaban en la anchura de los campos. Así que esa tarde me distraje de la vigilancia de los mayores, no demasiado exigente por la ausencia de automóviles en el pueblo que pudieran constituir gran peligro, y me fui solo a correr aventuras al menos hasta la hora de la merienda. Me recuerdo cruzando una plaza empedrada, vacía, aún doblegada por el último sol fuerte del día. De pronto se oyó un tañer de esquilas y por uno de los extremos laterales aparecieron trotando tres bueyes blanquinegros que cruzaron frente a mí hacia el campo cuyos árboles apuntaban detrás de las últimas casas. Me sobresaltaron un poco pero los vi pasar con arrobo y agradecimiento, porque se convertían en la anécdota heroica de la tarde que pensaba contar de inmediato a mis abuelos. Fue entonces cuando detrás de ellos, enorme y azabache, llegó el toro. Ni respirar pude, no ya moverme: llevaba alta la cabeza armada y por un momento pareció vacilar el garbo ágil de su paso, como si dudase entre seguir a los mansos o venir a visitarme más de cerca. Cerré un instante los ojos para que aquello resultara un sueño y enseguida fuese a despertarme ya en la seguridad confortable de la cama. Los abrí al oír sonido de cascos herrados sobre los adoquines y voces de advertencia. Dos jinetes pasaron casi al galope, encaminando el toro tras los cabestros, mientras uno de ellos me lanzaba una breve ojeada de alarma y fastidio. La plaza quedó otra vez vacía y, tras unos segundos en blanco, yo me di la vuelta para correr a trompicones hacia la merienda familiar. De mi exaltada y confusa narración del suceso, creída sólo a medias, lo único que se derivó fue la prohibición de que volviese a irme solo por ahí, pero el consiguiente arrepentimiento (y el susto) no me duró más de cuarenta y ocho horas.

Ha pasado casi medio siglo y la memoria, que es más pictórica que fotográfica, sin duda ha ido embelleciendo y transformando la aparición imponente de aquella tarde. Ya no sé qué hay de cierto en mi recuerdo y todo se parece por fin a un sueño, a ese sueño que en el instante del quizá imaginario peligro soñé soñar. Da igual: verídico o legendario, el toro de Vinuesa está en el fondo de todas mis experiencias taurinas como el auténtico *bos primigenium.* Por supuesto después vinieron muchos otros, aunque en la mayoría de los casos vistos ya desde el tendido. La corrida más antigua de la que guardo registro tuvo lugar en la plaza del Chofre, en San Sebastián, más o menos en la Semana Grande de mis diez años: el cartel lo componían Antonio Bienvenida, Julio Aparicio y Miguel Báez, *Litri.* A mi padre, que a pesar de ser andaluz no era demasiado taurino, le solían mandar un abono para aquella feria de agosto y el resto de la familia nos turnábamos para acompañarle a la plaza. Durante aquellas jornadas de verano de afición esporádica y sin continuidad a lo largo del año descubrí al que se convirtió en mi torero favorito, que luego supe que lo era también de muchos otros con mejor discernimiento: Antonio Ordóñez. Largo tiempo después, cuando derribaron el Chofre en uno de los numerosos pelotazos urbanísticos que se dieron a finales del franquismo, me gustó y hasta me emocionó saber por boca del propio maestro que Ordóñez rescató la barandilla en metal forjado de uno de los palcos de aquella vieja plaza en que cosechó tantos éxitos y se la llevó para ornato de su finca El Recreo de San Cayetano, cerca de Ronda.

Ahora díganme: ¿qué opinan ustedes de las coincidencias? Vaya ésta para su archivo: quisieron los burlones y enigmáticos meandros del tiempo que mi casa actual en

San Sebastián, donde vivo desde hace un cuarto de siglo y donde he escrito la mayor parte de mis libros (donde escribo también estas páginas que hoy someto a su resignación benévola), fuese la misma casa que alquilaba la familia Bienvenida cuando venía en aquellas ferias estivales al País Vasco. ¿He dicho «coincidencias»? No puedo por menos de recordar aquí el verso de Borges: «algo que ciertamente no se nombra con la palabra azar / rige estas cosas...».

Después, con amigos muy queridos, cultivé la admiración por otros diestros en otras muchas plazas: Paco Camino, Curro Romero, Rafael de Paula... Sí, yo también he visto torear a Curro en la Maestranza de Sevilla. Y varias veces inolvidables a Ordóñez en la Maestranza de Ronda, en la corrida goyesca que suponía su vuelta anual a los ruedos cuando ya estaba oficialmente retirado. También fue en Ronda, en el palacio de Salvatierra, donde participé en un simposio taurino-filosófico del que levantó acta fotográfica Rafael Atienza y del que hoy rememoro más olores, sabores y risas que palabras. Momentos dichosos, al menos en la pantalla de mi memoria, que tiene un eficaz antivirus contra los malos recuerdos. Pero a pesar de tan gratos escarceos, nunca me he considerado un verdadero aficionado a los toros. José Bergamín, con quien también coincidí en varias plazas, me decía maliciosamente: «A ti no te gustan los toros, sólo te gustan las buenas corridas». Tenía mucha razón, porque en pocos sitios me he aburrido e impacientado tanto como en ciertos festejos taurinos. Además nunca he sabido ir solo a una corrida, necesito amigos y compañía para disfrutarlas: en cambio he estado perfectamente solo en los hipódromos de varios continentes, gozando con generosa plenitud incluso de las competiciones más lánguidas. Para mí los toros son una ocasión social, pero los caballos son un asunto personal: supongo que tal es la señal de la verdadera afición.

Lo que desde luego jamás he aspirado a ser, ni en cuestión de toros ni tampoco de caballos, es lo que suele denominarse un «entendido». La figura del «entendido», sobre todo si oficia con conciencia de tal, casi siempre me resulta más bien patética, sea en corridas o en carreras, en amores, en libros o en política. Aunque me encanta ilustrarme sobre los temas apasionantes y escuchar los relatos de quienes estuvieron allí donde me hubiera gustado estar y en el día preciso de autos, me apunto entre los que disfrutan como los niños y los recién llegados, los ingenuos salvajes que nunca logran entender lo que les gusta y por qué les gusta. No entiendo las alegrías y por eso me alegro: sólo creo entender de veras en cambio lo sin remedio, lo que deploro haber llegado a entender.

Pero dejemos de momento a un lado los tecnicismos de la fiesta taurina, en los que sin rodeos me declaro lego, y su encomio estético, que tantos otros ya han realizado con mayor fuerza expresiva de la que yo puedo aspirar a improvisar aquí. Veamos las objeciones de crueldad que se le hacen y que varios corresponsales espontáneos me recordaron por correo electrónico con ocasión de este pregón. ¿Son crueles las corridas de toros? El origen etimológico de 'crueldad' es *cruor,* el fluir de la sangre que se derrama a la vista de todos desde la carne desgarrada. En tal sentido, sin duda hay un elemento cruel básico en las corridas, imposible de olvidar o incluso de minimizar. Pero *cruor* es también la raíz de 'crudo', o sea lo que se ofrece tal como es sin cocina ni aderezo, y quizá esta palabra nos orienta un poco más hacia la realidad de la fiesta. En las corridas de toros lo que hay es propiamente más crudeza que crueldad: porque vemos en el ruedo una cruda realidad que alcanza niveles simbólicos y sugestiones alegóricas sin enmascarar nunca por completo su fiereza desasosegante y cruda. Esa realidad que se muestra es la realidad de la muerte, cuya anticipación ciertísima constituye el elemento clave que funda nuestra conciencia humana.

A diferencia de los dioses o los seres inanimados, que no mueren, a diferencia de los animales, que mueren sin saber de antemano que van a morir, los humanos somos precisamente los únicos mortales, aquellos cuya vida trascurre siempre cara a cara con la muerte. Para los mortales, la realidad de la muerte tiene una doble manifestación: como *riesgo* permanente y como *destino* final. Ante ambas la reacción espontánea es el miedo y después el olvido, la inconsciencia. Son precisamente esas dos manifestaciones las que ocupan el centro de la plaza en la fiesta: en el caso de los toreros, como riesgo que se esquiva y con el que se juega en un perpetuo estilizamiento que se sobrepone al miedo de lo que conocemos demasiado bien; y en el caso del toro como destino que finalmente se cumple, porque el animal muere en nuestro lugar esa muerte que él desconoce y nosotros vemos aplazada gracias al arte. La cruda realidad de la muerte brinda así ocasión para que se afirme con plena conciencia la gracia de la vida, esa gracia que sólo puede saborear quien tiene la desgracia de ser mortal. La vida como don de la suerte y como encanto del coraje, la vida cara a cara frente a la muerte pero negándose a perder la cara ante ella. ¿Un espectáculo cruel? Sin duda, pero también la representación de lo trágico en toda su crudeza y con un fondo de resignación triunfal: como la vida misma, a pesar de todo.

Se dirá que puede mostrarse el enlace entre riesgo y destino de nuestra condición mortal de un modo menos explícito, más incruentamente simbólico, tal como se expresa en otras formas artísticas o literarias. Es decir, sin necesidad de verter auténtica sangre y sin hacer sufrir a seres vivos que nada saben de nuestras perplejidades metafísicas. Lo mismo que en los hábitos culinarios hemos pasado de lo crudo a lo cocido (o a lo frito, que para algo estamos en Andalucía), también las expresiones artísticas en que nos reconocemos y nos reflejamos han ido perdiendo crudeza a través de la modernidad: en cuanto a la crueldad misma, sin duda no ha desaparecido de ellas, más bien lo contrario, pero ha ido haciéndose primordialmente psicológica e imaginaria. Todo lo cual es cierto, sin duda, aunque esta argumentación a mí me lleva, más que a solicitar la abolición de las corridas, a intentar preservarlas. Representan una auténtica *excepción cultural,* el engarce improbable y frágil entre un crudo ritual antiguo y la estilización normativa, codificada hasta el melindre, que la modernidad impone en los espectáculos públicos. En la plaza de toros, lo que fue antaño batalla por la supervivencia y después fabulosa cacería —la *venatio* que constituía el centro de los festejos del circo romano— pervive convertido en un ballet dramático juntamente sutil y brutal, tutelado por un reglamento cuyo cumplimiento el público exige y que aplica la autoridad competente. Como digo es lo excepcional, lo ya nunca visto.

Los abogados de la acusación contra la fiesta taurina dicen que si tal espectáculo fuese inventado hoy sería prohibido de inmediato: o sea, que como novedad nunca contaría con el visto bueno de las autoridades contemporáneas europeas. También este argumento tiene un fondo de verdad pero no por ello se convierte en irrefutable. Si vamos a eso, en nuestros días y en nuestra Europa nunca habrían podido obtener licencia inaugural —sea por miramientos de salud pública o de corrección política— otros usos de función social nada desdeñable: por ejemplo el vino, la galantería, el queso de Camembert y el catolicismo, entre otros no menos conspicuos. Quizá hubiéramos sido más sanos y felices sin estas amenazas y sin los toros pero, en vista de que ya están ahí, parece preferible minimizar sus inconvenientes, prevenir sus adulteraciones, relajarse y disfrutar. Si lo que nos preocupa es el sufrimiento de los animales, el verdadero problema está en los millones y millones que criamos para comernos y llevamos al matadero, no en los cientos de toros inmolados en las plazas. La auténtica punzada para ciertas sensibilidades morales debe provenir en primer término de que somos carnívoros, no de que somos aficionados a los toros. Incluso la tenaz defensora de los animales Elizabeth Costello, portavoz literaria del gran escritor y premio Nobel Coetzee, admite que «a un nivel ético, sigue habiendo algo atractivo» en las corridas de toros, donde se honra al adversario por su fuerza y su bravura, se le mira a los ojos antes de matarlo y se le dedican canciones después, lo cual no se concede a ninguna otra víctima de nuestra producción industrial de proteínas animales. Lo malo, señala Costello o Coetzee, estriba en que este ritual es poco práctico para alimentar con filetes a cuatro mil millones de seres humanos.

Por lo tanto, mientras no se afronte el caso de las granjas avícolas y los mataderos municipales, el cañonazo de la buena conciencia contra la línea de flotación de la fiesta taurina sigue siendo de fogueo. O como decimos por aquí, un brindis al sol. Así debieran haberlo comprendido, si es que son razones compasivas las que verdaderamente les mueven, los responsables de la reciente declaración oficial de Barcelona como ciudad antitaurina. ¿Qué ocurriría si una medida tan liberal y oportuna en el marco del Fórum 2004 de respeto a todas las culturas fuese respondida, verbigracia, por la declaración de Sevilla como territorio libre de butifarra, en la consideración de que tan sabroso embutido motiva anualmente muchas más ejecuciones extrajudiciales que las corridas de toros e incomparablemente más ignominiosas?

A mi juicio, sólo menospreciamos aquellas existencias —animales o vegetales— que no consideramos como parte necesaria y significativa de nuestra propia vida. Lo que sin duda debemos a los seres vivos, tanto a los que se nos asemejan como a los demás, es precisamente la conciencia de su significado: sea de hermandad, de utilidad, de diversidad de formas, de belleza o de peligro. A unos les expresaremos esta deuda como reconocimiento, a otros como admiración o cautela, a todos a fin de cuentas como piedad, es decir como respeto compasivo sin aspavientos histéricos. Por lo demás, entre depredación y explosiones, la vida continúa abriéndose paso. Y también, inexplicable e incomprensible, su alegría, la alegría misteriosa de quienes nos sabemos mortales. Ahora vamos a inaugurar una de sus más altas manifestaciones, esta feria sevillana de abril y yo, sencillamente, les agradezco estar aquí. Esta tarde, en la Maestranza, junto a todos ustedes, seré inevitablemente, ay, este viejo actual que tanto teme y de tanto desconfía. Pero seré también el niño, maravillosamente: ¡Sevilla es maravilla! Aquel niño que, solitario en la plaza de Vinuesa, bajo el sol de una tarde hace tanto perdida, vio pasar de largo entre jinetes protectores al invencible toro de la muerte.

Muchas gracias.

Abril de 2004

4. Toro o nada

HACE muchos años, porque estas disputas vienen de lejos, participé en una discusión en el País Vasco sobre si las corridas de toros eran admisibles o rechazables. Se manejaron primero los habituales argumentos: el placer de la crueldad, la tortura de animales indefensos, etc. Uno de los adversarios de la fiesta, identificado con posturas de nacionalismo radical, denunció además que se trataba de una imposición española y de la España de la pandereta y el folklore agitanado, por más señas, ajena al terruño vasco. Apunté que al menos ese aspecto era discutible, porque el toreo a pie parece haber comenzado en Navarra, democratizando así la lidia a caballo propia de las regiones situadas más al sur. No estoy muy seguro de la fiabilidad histórica del dato, pero su efecto en el debate fue muy revelador: los oponentes más nacionalistas de la corrida, al suponerla de raigambre vasca, comenzaron a matizar su antagonismo y a encontrarle ciertos valores populares y antiaristocráticos nada desdeñables. Los aspectos más moralizantes del litigio pasaron a segundo plano.

A partir de entonces, soy algo escéptico respecto a la eficacia de los esfuerzos dialécticos que enfrentan a taurófilos y taurófobos, como el por otra parte muy interesante que tiene lugar ahora en el Parlamento catalán. Desde luego, soy contrario a la postura prohibicionista pero me cuesta identificarme con los planteamientos más telúricos que remiten la excelencia de la fiesta a la entraña ancestral de nuestro país o a una ilustre genealogía que se remonta a la Creta de Minos y Pasífae. Como descreo de las identidades nacionales —y sobre todo de la obligación de cultivarlas— considero que nadie deja de ser catalán por amar la fiesta taurina ni de ser español por detestarla. También dudo del peso resolutorio de los elogios meramente estéticos, porque estoy acostumbrado a ver en otras demostraciones plásticas que lo que unos ponderan como expresión del más elevado interés artístico otros lo tienen por una mamarrachada que puede pintar cualquier niño de siete años. ¡Son tan variados los criterios del gusto y el disgusto!

Los hay, en cambio, que me parecen menos dudosos. Para empezar, no creo que la suerte del toro de lidia sea la más digna de compasión... al menos entre quienes comemos carne de vacas, cerdos, atunes o aves de corral y gastamos zapatos y bolsos de piel. Me parece que la vida de los toros y hasta su cuarto de hora final de batalla dolorosa sería envidiada por muchos de los animales que están a nuestro servicio... si pudieran conocerla. Alguna vez he oído la sandez de que la existencia feliz en las dehesas queda desautorizada por la escena final del animal vomitando sangre en el ruedo: es algo tan imbécil —o tan metafísicamente obvio— como sostener que el millonario que tras una vida de lujos y placeres sufre cuarenta y ocho horas de dolores en la UVI no ha padecido menos que el proletario sometido a todo tipo de estrecheces. Con la única pero relevante diferencia de que quizá la previsión de una triste agonía empañe algunos momentos de goce del magnate, mientras que los astados —como el resto de los animales— nada saben de su muerte inevitable. Puede que los toros o los caballos de carreras merezcan también una lágrima, pero ni más ni menos que el resto de los seres vivos, especialmente nosotros y nuestros hijos.

Y desde luego tampoco me parece aceptable determinar inapelablemente que el gozo que la corrida produce a los aficionados no sea más que una expresión de regodeo cruel y sanguinario. No es lo mismo disfrutar viendo luchar que disfrutar viendo sufrir: hay códigos de honor, reglas de arte y celebraciones simbólicas que pueden no compartirse pero que nadie puede arrogarse la autoridad moral para descalificar sin más.

A fin de cuentas y lo más importante: se trata de una cuestión de libertad. La asistencia a las corridas de toros es voluntaria y el aprecio que merecen, optativo según cada cual. Comprendo perfectamente que haya quienes sientan rechazo y disgusto ante ellas, como a los demás nos pasa ante tantos otros espectáculos, hábitos y demostraciones culturales. Pero que eso faculte a las autoridades de ningún sitio para decidir desde la prepotencia moral institucionalizada si son compatibles o no con nuestra ciudadanía resulta un abuso arrogante. Prohibir un juego de indudable raigambre literaria y artística, codificado y estilizado rigurosamente a lo largo de siglos, del que disfrutan muchas personas y que garantiza una forma de vida y un tipo de desarrollo económico, ligado al paisaje y a la ganadería, exige algo más que un respetable pero no universalizable remilgo de ciertas sensibilidades. Salvo que lo que esté en juego sea otro tipo de consideraciones políticas, en las cuales prefiero no entrar.

Marzo de 2010

5. Rebelión en la granja

Todos los animales son iguales...
pero unos son más iguales que otros.

George Orwell, *Animal Farm*

Lo que diferencia el actual episodio del enfrentamiento entre taurinos y antitaurinos en el Parlamento catalán de otras fases de ese cíclico y antiguo debate es que por primera vez parece plantearse efectivamente la abolición de las corridas de toros en una región española. De modo que lo que se discute —o se debería discutir— no es tanto si ese espectáculo es una fiesta artística, portadora de tales y cuales valores, o por el contrario una muestra de barbarie anticuada, sino si debe o no ser *prohibida* para todos, la acepten o la rechacen. Es perfectamente imaginable que haya personas que sientan desagrado y repugnancia por las corridas pero que consideren abusiva su prohibición; incluso puede haber aficionados contritos que, reconociendo su gusto por ellas, admitan la necesidad de suprimirlas para verse libres de tan pecaminosa tentación, siguiendo el criterio de Pérez de Ayala: «Si yo mandase en España, suprimiría las corridas... pero como resulta que no mando, no me pierdo ni una».

De modo que ahora el viejo debate alcanza un nivel efectivamente político, como también es político su trasfondo. No ha sido ciertamente Esperanza Aguirre la primera en politizarlo al proponer la fiesta taurina en bien de interés cultural, como aseguran los que siempre miran la realidad con un ojo abierto y otro cerrado: aunque las argumentaciones escuchadas en el Parlament catalán no sean de corte nacionalista, sin una motivación de fondo nacionalista no habría habido iniciativa popular ni probablemente ésta hubiera llegado al punto actual. Lo resume muy bien un chiste aparecido en *La Razón*: un litigante muestra un rehilete, con el palo decorado con el característico papel rizado rojo y gualda, explicando: «Esto es una banderilla; la parte de abajo causa heridas leves al toro y la parte de arriba hay que reconocer que ha causado esta comisión». Claro que mejor que el debate sea en último término político, pues para eso se lleva a cabo en un Parlamento, que moral, como absurdamente suponen algunos. ¡No falta ya más que los Parlamentos decidan lo que es moral y lo que no lo es! Como parece que había quedado claro en otros casos —por ejemplo, el del aborto— el Parlamento no está para zanjar cuestiones de conciencia individual, sino para establecer normas que permitan convivir morales diferentes sin penalizar ninguna y respetando la libertad individual. Ahora, por lo visto, hay quien reclama del Parlament precisamente lo opuesto...

Lo digo porque en lo tocante a la moral, que es cuestión a la que he dedicado cierta perpleja atención durante bastante tiempo, no hay tanta unanimidad respecto al trato debido a los animales como algunas almas delicadas parecen suponer. Existen más razonamientos éticos en el cielo y en la tierra de lo que la filosofía de Peter Singer supone y no es lo mismo ser bueno que ser *guay*, aunque el matiz diferencial pueda resultar difícil de captar hoy en países como el nuestro. El repudio de la crueldad (no digamos «innecesaria», porque si fuese necesaria ya no sería crueldad) y del maltrato animal es moneda corriente en los moralistas desde Tomás de Aquino, pero en cambio hay menos unanimidad a la hora de establecer qué diferencia a esas prácticas perversas de otras formas del empleo humano de las bestias. Y ahí es donde esta discusión se hace desde un punto de vista teórico más sugestiva: ¿qué hemos hecho y qué hacemos con los animales?, ¿en qué medida la relación con ellos ha configurado nuestra civilización e incluso nuestra «humanidad»?

Para empezar a comprender estos asuntos es imprescindible retroceder bastante en el tiempo. Digamos hasta el comienzo de la historia. El desarrollo de la sociedad humana se basa desde el principio en la utilización de animales para nuestros fines: nos han servido de alimento («todo lo que nada, corre o vuela... ¡a la cazuela!»), de fuerza motriz tirando de carros o haciendo girar norias, de transporte y de arma de guerra (¡los escuadrones de Alejandro, los elefantes de Aníbal!), sus pieles curtidas nos han vestido y nos han calzado, han arado los campos, han defendido nuestras casas y nuestros rebaños (¡también formados por animales!) y —supongo que lo más humillante de todo— nos han servido de pasatiempo en circos y otros espectáculos, nos han hecho zalemas como mascotas de compañía y han trinado en jaulitas a la espera de su alpiste. Por no mencionar a los que han entregado involuntariamente —y a veces aún vivos— sus cuerpos a la ciencia para el avance de la medicina, la cosmética y hasta la astronáutica (¡*Laika*, pionera del *Sputnik*!).

También pueden haber sido imprescindibles para evitar males mayores: el antropólogo Marvin Harris justificó que los aztecas se comiesen a sus prisioneros por la ausencia en su territorio de mamíferos de talla suficiente para poder convertirse en fuente de proteínas y Jared Diamond explica el rezago de ciertas poblaciones africanas por carecer de bestias domesticables que pudiesen servirles para el transporte o la carga. Si tantos y tan variados empleos son formas de maltrato, hay que reconocer que la civilización humana se basa en el maltrato de los animales. Podemos ahora arrepentirnos de ello, pero «a toro pasado» y nunca mejor dicho. Nuestras actuales declaraciones compasivas y la renuncia a aquellos de sus servicios que nos son menos apreciados hoy se parecen bastante a las proclamas de horror al vicio que profieren con hipocresía algunos libertinos y libertinas cuando, llegada la vejez, ya no son capaces de seguir disfrutando de los placeres tras los que antes corrieron...

De modo que resulta un poco risible el argumento abolicionista de «que le pregunten al toro si le parece arte que le piquen o le den la puntilla». Tampoco nadie le pregunta a la merluza si quiere donar su cogote a las sociedades gastronómicas o a los bueyes si quieren tirar del arado. Ni a perros, gatos o caballos de carreras si quieren ser castrados por nuestro bien. Porque en el caso del debate actual debe quedar claro que no se trata de introducir en nuestra cultura las corridas sino de prohibir una práctica secular: o sea, que no es obligación de los taurinos argumentar a favor de ellas sino de los abolicionistas convencernos de que deben ser suprimidas. ¿Que no sería hoy admisible iniciarlas? Imaginemos si aceptaríamos con los valores vigentes empezar a criar animales para alimentarnos con ellos. O sencillamente cazarlos o pescarlos para ese fin, que para el caso es lo mismo (lo malo lo es tanto al por mayor como al detall).

Me parece estar oyendo a quienes contemplasen por primera vez corretear a unos pollos o a unos terneros, antes de haberlos degustado: «¡Qué ricos son! ¿Verdad? Me refiero a que parecen sabrosos...». Reconocemos que en los mataderos o las granjas avícolas industriales los bichos no lo pasan nada bien, pero se arguye que en tales lugares no se venden entradas para el espectáculo. Sin embargo el argumento se vuelve contra lo que intenta demostrar, pues si fuera verdad que los espectadores disfrutan con el sufrimiento animal frecuentarían esos dignos establecimientos en lugar de las plazas de toros. Otros se escudan en que no es lo mismo sacrificar animales para atender nuestras necesidades que para satisfacer diversiones o lujos. Pero, como señaló Valéry, «*tout ce qui fait le prix de la vie est curieusement inutile*». El asunto de fondo sigue siendo el mismo : ¿tenemos derecho o no?, ¿es crueldad o no?

La preocupación por el bienestar de los demás seres

vivos obtuvo el patronazgo de notables ilustrados —Montaigne, Jeremy Bentham, Schopenhauer...— pero también el refrendo de algunos que mostraron humanitarismo con las bestias y bestialidad con los humanos: las primeras leyes europeas protoecologistas de protección de la Madre Tierra y de los animales fueron dictadas (entre 1933 y 1935) por el vegetariano Adolf Hitler. En cualquier caso, la sensibilidad hacia el sufrimiento de otros vivientes es un signo de la modernidad. A ella se deben medidas piadosas como el peto de los caballos de los picadores (impuesto por el dictador Primo de Rivera, otro «ilustrado» discutible) o el suavizamiento de los obstáculos más peligrosos en la carrera del Grand National de Liverpool. No son desdeñables tales miramientos animalistas, como los que afectan a circos y zoológicos, pese a que ello implica que los animales salvajes van desapareciendo de nuestras vidas urbanas —sobre todo de la de los niños— para hacerse sólo presentes virtualmente en los documentales de la televisión. Ganan en veneración respetuosa lo que pierden en presencia efectiva en la cotidianidad, como los dioses celestiales. Es una tendencia que continuará y que sin duda también acabará mañana afectando las corridas de toros, si no son abolidas: menos pincho en las banderillas, puyas más suaves, quizá la muerte virtual por inyección anestésica... (lo que permitiría reutilizar el toro, llegado el caso). El conjunto de estas disposiciones no revela acercamiento a la naturaleza, sino el predominio humanista de dos instancias desconocidas en ella: la compasión y la hipocresía. Ambas, en su dialéctica perpetua, espiritualizan nuestra vida... e incluso las de las bestias que más se nos parecen y por tanto nos «desanimalizan» a todos.

Yo me quedo con el arrebato de Nietzsche en la plaza Carlo Alberto de Turín, abrazado llorando al cuello del viejo caballo fustigado por su cochero. ¿Síntoma de locura o comprensión abismal de la irreductible desdicha de existir?

Marzo de 2010

6. Malos pasos

En una de mis varias reencarnaciones anteriores, asistí a muchas corridas de San Isidro, acompañado de Javier Pradera, Rafael Sánchez Ferlosio, Alberto González Troyano y otros amigos queridos. Era la época de los mayores triunfos de Paco Camino. He tenido la suerte de ver grandes faenas de Antonio Ordóñez, Curro Romero, Antonio Bienvenida, Rafael de Paula... y no digo más, como añadiría Don Quijote. Pero creo que alguna de aquellas tardes de Paco Camino en Las Ventas fueron sencillamente tan buenas como la mejor del mejor. Y no digo más, etcétera.

No sé cómo serán ahora las cosas, hace tanto que no voy, pero entonces el público del coso madrileño solía pasarse de bronquista y alguacilesco. Muchos iban más a censurar que a disfrutar... o sólo disfrutaban censurando: a voz en cuello, claro. Sobre todo por el poco trapío y otros defectos reales o imaginarios del ganado. Admito que yo era de los que no iban a la plaza a ver toros inasequibles al desaliento (en lo referente a bestias feroces prefiero primero a los hipopótamos y luego a los tigres) sino a ver torear. Y me impacientaba bastante perder media tarde en griterío y peticiones de acorralamiento (es decir, mandar toros al corral), mientras se enfriaba la perspectiva de ver buenos pases.

Sobre todo, cuando iba a torear Curro Romero. Sabidó es que en el caldero de las brujas hay que mezclar sangre de doncella, hígado de sapo, esperma de ahorcado y cosas semejantes, todo en una noche de luna nueva y en año bisiesto: de otro modo, no sale el conjuro. Pues bien, aún debían coaligarse circunstancias más raras e improbables para que Curro tuviese su tarde. Y naturalmente las broncas y los cambios de ganado podían romper la magia incluso antes de que los astros comenzaran su favorable conjunción.

Recuerdo en especial una tarde, oscura y amenazando tormenta, o sea la típica de San Isidro. Alberto comentó, lúgubre: «Es como ver una corrida en Hamburgo». Salió el primer toro, que le correspondía al faraón de Camas, y se montó el cirio. El poco respetuoso respetable se levantó en un clamor unánime: «¡Cojo, cojo!». El presidente se resistía a cambiar el morlaco y en la barrera Curro ponía cara de «si lo sé, no vengo». Una desesperación. Todos estábamos de pie, saltando unos de indignación y otros de impaciencia. Entonces Ferlosio, sublime como sólo él sabe serlo, bastón en mano cual pastor tratando de reunir a su disperso rebaño, gritó: «¡Dejadle en paz! ¡No está cojo! ¡Es su forma de andar!».

Del resto de la jornada recuerdo poco, pero creo que

todo fue un desastre. Se cambió por fin al toro, pero ya Curro había decidido no acudir al trapo. Y no sé si incluso acabó lloviendo. Da igual, sólo guardo en la memoria lo que dijo Rafael. Y ahora, en la frecuente bronca mediática de este país, cuando a quien salta al ruedo con cualquier propósito inmediatamente se le etiqueta a voces —¡fascista, traidor, populista, maricón, homófobo, fumador, drogadicto, borracho, taurino cruel, antitaurino, chorizo, cojo, cojo, etc.!— siempre siento ganas de gritar a mi vez: «¡Dejadle en paz! ¡Es su forma de andar!».

Mayo de 2008

7. La honradez de la fiera

Para don Eduardo Miura

ENTRE las obras de arte —de artificio e industria— producidas por los seres humanos, algunas son vivientes, biológicas: mucho antes de que futuros comerciantes avispados patenten hombres y mujeres sin defectos ni vicios, fabricados gracias a la ingeniería genética, con medios menos tecnológicamente sofisticados se han creado (y criado) ya desde hace siglos animales que responden a ideales antropocéntricos de eficacia o belleza. La nómina es amplia, pero entre todos ellos me importan dos: el caballo de carreras y el toro de lidia.

Purasangre y toro: ambos han sido concebidos y pacientemente moldeados a través de la selección genética para cumplir con creciente perfección su papel en el éxtasis de emoción que tiene lugar en dos espectáculos sociales, uno en los hipódromos y otro en los ruedos. La carrera y la corrida cumplen el doble papel de finalidad de la cría y también de instrumento para mejorarla. Se cría para obtener mayor esplendor en la competición y en la lidia, pero se utilizan los resultados de ambas para depurar y acendrar los ejemplares futuros que han de participar en ellas. Purasangre y toro comparten también el raro privilegio (en el reino zoológico) de poseer nombre propio y genealogía individualizada. A diferencia del resto de los animales, que no hacen sino repetir anónimamente su especie, cada caballo de carreras y cada toro de lidia tienen su linaje propio, documentado, y cada uno de ellos sólo es válido a partir de la precisa nobleza de esta ascendencia. Nacen y mueren únicos e irrepetibles, como cualquiera de nosotros...

¿Cuál es el objetivo de la cría taurina? O quizá tengo que escribir, pues no faltan las perversiones y tergiversaciones interesadas: ¿Cuál *debiera* ser su objetivo? Fabricar una fiera honrada. Es decir, un animal cuya defensa es el ataque y cuya única astucia es la reiteración sin malicia de la imprudencia. La fiesta taurina y el arte del torero se basan en el mantenimiento de esa fiereza sin doblez ni desfallecimiento. Todo consiste en hacer perdurar la fiera honradez del animal emblemático. No sólo es una empresa ganadera sino, como siempre que hay creación por medio, se trata de un empeño poético. De modo que, como en otras ocasiones, quizá sea lo mejor recurrir a un poeta para inspirarnos y saber el camino a seguir en la cría durante el próximo siglo:

. . . .

antes de tu existir, antes de nada,
se enhebraron un duro pensamiento
las no floridas puntas de tu frente:

Ser sombra armada contra luz armada,
escarmiento mortal contra escarmiento,
toro sin llanto contra el más valiente.

Rafael Alberti, elegía «El toro de la muerte»

Mayo de 2005

APÉNDICE

Tras la prohibición de las corridas de toros en Cataluña por el Parlamento de esa autonomía, el autor publicó los tres artículos siguientes, que resumen y refuerzan la argumentación expuesta en el libro.

8. Vuelve el Santo Oficio

Por supuesto, no es el caso presentar argumentos a favor o en contra de mantener las corridas de toros, como suele decirse: quienes tienen que justificar la insólita medida son los que han decidido prohibirlas parlamentariamente. Hay gente a la que le gustan los toros y otros muchos que no han pisado una plaza en su vida o que sienten repugnancia por la fiesta: es la diversidad de los hijos de Dios. Pero que un Parlamento prohíba una costumbre arraigada, una industria, una forma de vida popular... es algo que necesita una argumentación muy concluyente. La que hemos oído hasta la fecha dista mucho de serlo.

¿Son las corridas una forma de maltrato animal? A los animales domésticos se les maltrata cuando no se les trata de manera acorde con el fin para el que fueron criados. No es maltrato obtener huevos de las gallinas, jamones del cerdo, velocidad del caballo o bravura del toro. Todos esos animales y tantos otros no son fruto de la mera evolución sino del designio humano (precisamente estudiar la cría de animales domésticos inspiró a Darwin *El origen de las especies*). Lo que en la naturaleza es resultado de tanteos azarosos combinados con circunstancias ambientales, en los animales que viven en simbiosis con el hombre es logro de un proyecto más o menos definido. Tratar bien a un toro de lidia consiste precisamente en lidiarlo. No hace falta insistir en que, comparada con la existencia de muchos animales de nuestras granjas o nuestros laboratorios, la vida de los toros es principesca. Y su muerte luchando en la plaza no desmiente ese privilegio, lo mismo que seguimos considerando en conjunto afortunado a un millonario que tras sesenta o setenta años a cuerpo de rey pasa su último mes padeciendo en la UVI.

¿Son *inmorales* las corridas de toros? Dejemos de lado esa sandez de que el aficionado disfruta con la crueldad y el sufrimiento que ve en la plaza: si lo que quisiera fuera ver sufrir, le bastaría con pasearse por el matadero municipal. Puede que haya muchos que no encuentren simbolismo ni arte en las corridas, pero no tienen derecho a establecer que *nadie* sano de espíritu puede verlos allí. La sensibilidad o el gusto estético (esa «estética de la generosidad» de que hablaba Nietzsche) deben regular nuestra relación compasiva con los animales, pero desde luego no es una cuestión *ética* ni de derechos humanos (no hay derechos «animales»), pues la moral trata de las relaciones con nuestros semejantes y no con el resto de la naturaleza. Precisamente la ética es el reconocimiento de la excepcionalidad de la libertad racional en el mundo de las necesidades y los instintos. No creo que cambiar esta tradición occidental, que va de Aristóteles a Kant, por un conductismo zoófilo espiritualizado con pinceladas de budismo al baño María suponga progreso en ningún sentido respetable del término ni mucho menos que constituya una obligación cívica.

¿Es papel de un Parlamento establecer pautas de comportamiento moral para sus ciudadanos, por ejemplo diciéndoles cómo deben vestirse para ser «dignos» y «dignas» o a qué espectáculos no deben ir para ser compasivos como es debido? ¿Debe un Parlamento laico, no teocrático, establecer la norma ética general obligatoria o más bien debe institucionalizar un marco legal para que convivan diversas morales y cada cual pueda ir al cielo o al infierno por el camino que prefiera? A mí esta prohibición de los toros en Cataluña me recuerda tantas otras recomendaciones o prohibiciones semejantes del Estatut, cuya característica legal más notable es un intervencionismo realmente maníaco en los aspectos triviales o privados de la vida de los ciudadanos.

En cambio no estoy de acuerdo en que se trate de una toma de postura antiespañola. No señor, todo lo contrario. El Parlamento de Cataluña prohíbe los toros pero de paso reinventa el Santo Oficio, con lo cual se mantiene dentro de la tradición de la España más castiza y ortodoxa.

Julio de 2010

9. La barbarie compasiva

En los últimos meses, durante la ofensiva antitaurina que culminó con la prohibición de los toros en Cataluña, dos de las palabras más repetidas fueron «compasión» y «barbarie». Dejemos a un lado la fundada sospecha de que en la decisión del Parlamento autonómico tuvo más peso la voluntad separatista de abandonar una tradición compartida con el resto de España que cualquier argumento animalista. Ya se ha insistido incluso demasiado en este aspecto —tan romo de interés teórico como casi todo lo que atañe al nacionalismo— olvidando en cambio los pretextos, que en este caso son más interesantes que el contexto. No se necesita una argumentación ética fundada para que a uno personalmente le desagraden o hasta le asqueen los toros: pero en cambio es imprescindible para prohibirlos en una comunidad con carácter imperativo y general.

Se apela a la compasión como *ultima ratio* moral y se nos recuerda el principio budista de no dañar bajo ningún pretexto a otro ser vivo. Con todos mis respetos para Richard

Gere y compañía, quienes no somos budistas no nos sentimos obligados por él (sobre todo si comemos carne o pescado y nos curamos con antibióticos, cuyo simple nombre ya promete matanzas): a trancas y barrancas, pero vivimos en un estado laico... hasta en Cataluña. Fuera de esa postura religiosa, no es cierto que la compasión por el dolor universal sea la base de la ética. Sin duda ser compasivo es un sentimiento que nos mejora, pero no un precepto moral ineludible. Paseando por el campo, veo que un gorrioncillo recién nacido se ha caído del nido y pía angustiosamente en el suelo expuesto a todos los peligros: como soy compasivo, lo recojo y lo devuelvo a su hogar... aunque así perjudique a la serpiente que también tiene que comer para vivir. ¡Bravo, tengo buen corazón! Pero si quien gime abandonado en un cubo de basura es un bebé, tengo la obligación ética de ayudarle, me compadezca de él o no. Si no lo hago, no seré poco sentimental o duro de corazón sino claramente inmoral. La diferencia es importante, todo lo que cuenta en la ética —el reconocimiento de lo humano por lo humano y el deber íntimo que nos impone— reside ahí.

Peter Singer, el filósofo actual que oficia como mentor del animalismo, relativiza esta norma: si el bebé humano padece malformaciones y anormalidades, tengo menos obligación ética de salvarle que al gorrioncillo o a cualquier otro animal sano, en caso de que deba elegir. Y así llegamos al tema de la barbarie. Porque en su sentido prístino y radical, el bárbaro no es quien maltrata o no se compadece de las bestias, sino quien no distingue entre el trato que debemos a los humanos y el que corresponde a los animales. La auténtica imagen de la barbarie no ocurre dentro de la plaza donde se lidia al toro, sino fuera: son esas personas que yacen desnudas, cubiertas de falsas banderillas y pintura color sangre, y que dan a entender que es lo mismo matar a un toro que a un ser humano. Dice una barbaridad el portavoz de ATEA en el País Vasco cuando pide explicaciones porque se condene a ETA pero no a Jesulín de Ubrique y otra aún peor los que se ufanan de alegrarse cuando el toro mata al torero. Donde no se asume la excepcionalidad del vínculo recíproco entre semejantes racionales, ése es el predio de los bárbaros.

Hace poco una conocida novelista mandó una carta a este periódico abogando por los derechos de los animales. Concluía diciendo: «A fin de cuentas, ¿no somos también nosotros simple y gozosamente animales?». Sin duda biológicamente somos animales, no vegetales. Pero desde luego ni *simple* ni *gozosamente*. Por culpa de ello existen las novelas... y la ética.

Septiembre de 2010

10. Animalismo no es humanismo

Es comprensible el movimiento sentimental que se compadece de los animales y los convierte a todos en víctimas potenciales del hombre. Antaño, la sociedad humana se fue fraguando en combate contra las bestias: los animales eran adversarios que nos disputaban la comida y el territorio, incluso que nos elegían como presas. Algunos antropólogos han apuntado (y Bruce Chatwin recogió esta teoría) que hubo cierto gran felino prehistórico que se alimentaba de homínidos y contra el cual éstos se asociaron por primera vez. En cualquier caso, la batalla ha terminado y los animales han sido derrotados definitivamente. Ya no son una amenaza ni rivales dignos de consideración, por lo que todos —incluso los más fieros, el tiburón blanco, el tigre de Bengala o la cobra— se han convertido en *pobres animalitos*. Merecen nuestra compasión como víctimas ya que los hemos vencido. Fue precisamente Gautama Buda, en el *Sutta-Nipata*, quien por primera vez señaló que tenemos una responsabilidad con ellos porque somos los más poderosos...

Desde esta óptica las corridas de toros, que simbolizan a su modo el ancestral enfrentamiento del hombre con la bestia, resultan para algunos reprobables. Y sin embargo en ellas la fiera, el toro bravo, recupera algo de su perdida y temible dignidad... En cualquier caso, lo que resulta excesivo es pretender homologar éticamente a los animales con los humanos y dotarlos por tanto de derechos como los que reconocemos a éstos. A veces se argumenta que también antaño se negaron tales derechos y hasta la posesión de alma a los negros o las mujeres. Es un razonamiento radicalmente antihumanista, que podría cínicamente ser interpretado así: «Ya que hoy pueden tener derechos humanos los negros o las mujeres... ¿Por qué no vamos a reconocérselos también a los chimpancés y a las vacas?». Evidentemente, el progreso de la comprensión ética no va bien por ese camino.

Hay otra argumentación antitaurina no menos chocante. Cuando se constata, obviamente, que la desaparición de las corridas supondría dejar de criar reses bravas y enviar al matadero a los cientos de miles existentes, algunos radicales dar por bueno ese exterminio si de tal modo se acaba con el dolor de los toros en la plaza. Ahora bien, todos los seres vivos padecen dolor y sin duda los seres humanos son más capaces de sufrimiento que ningún otro, por tener imaginación y memoria. Al final de su obra *El mundo como voluntad y representación*, el pesimista Schopenhauer —convencido de que nuestra existencia es fundamentalmente dolorosa— abogó porque la verdadera actitud ética de la humanidad sería renunciar a la procreación y dejar de reproducirse. Otros, aún más atroces, proponen esterilizar en los países del Tercer Mundo a la mayoría de la población, para evitar nuevas vidas destinadas a padecer sufrimientos y miserias. Quienes no compartimos ese planteamiento apocalíptico para los humanos, difícilmente podemos encontrar razones para extenderlo a otras especies, aunque no sean nuestros semejantes. El dolor es uno de los precios que pagamos por la vida —la muerte es nuestra deuda definitiva— pero no anula ni condena el valor de la existencia.

Es evidente que no podemos tratar a los animales como meras cosas, porque son seres vivos y por tanto sensibles. Pero a cada especie la consideramos según su propia naturaleza y también según las exigencias de la nuestra. El hombre ha criado —que casi equivale a decir «creado»— las especies que nos alimentan, nos visten, nos prestan su fuerza o participan en nuestros ritos. No es maltrato adecuarlos a la función para la que su condición les dispone. En el caso del toro de lidia, el trato adecuado es lidiar a ese escaso cinco por ciento de la especie que justifica con su combate bravo en la plaza —que nada tiene que ver con la tortura— la perpetuación del resto de la raza.

Octubre de 2010

Despedida

«EL mundo entero es una enorme plaza de toros donde el que no torea embiste. Esto es todo. Dos inmensos bandos: manadas de toros y muchedumbres de toreros, y, en consecuencia, es la lucha por nuestra propia vida la que nos obliga a torear».

Ignacio Sánchez Mejías

colección Mirador

TÍTULOS PUBLICADOS

PARA LA LIBERTAD
José María Calleja

MICROCRÉDITOS Y POBREZA.
DE UN SUEÑO AL NOBEL DE LA PAZ
Maricruz Lacalle Calderón

MOVIMIENTOS CÍVICOS.
DE LA CALLE AL PARLAMENTO
Carlos Martínez Gorriarán

AMNISTÍA INTERNACIONAL.
CRÓNICAS DE UNA ORGANIZACIÓN INCÓMODA
José Antonio García

TAUROÉTICA
Fernando Savater

TURPIAL